SO GEHT PLANET!

Wissenswertes für junge Erdbewohner

**ILLUSTRATIONEN VON SARAH TAVERNIER &
ALEXANDRE VERHILLE
TEXTE VON EMMANUELLE FIGUERAS**

INHALT

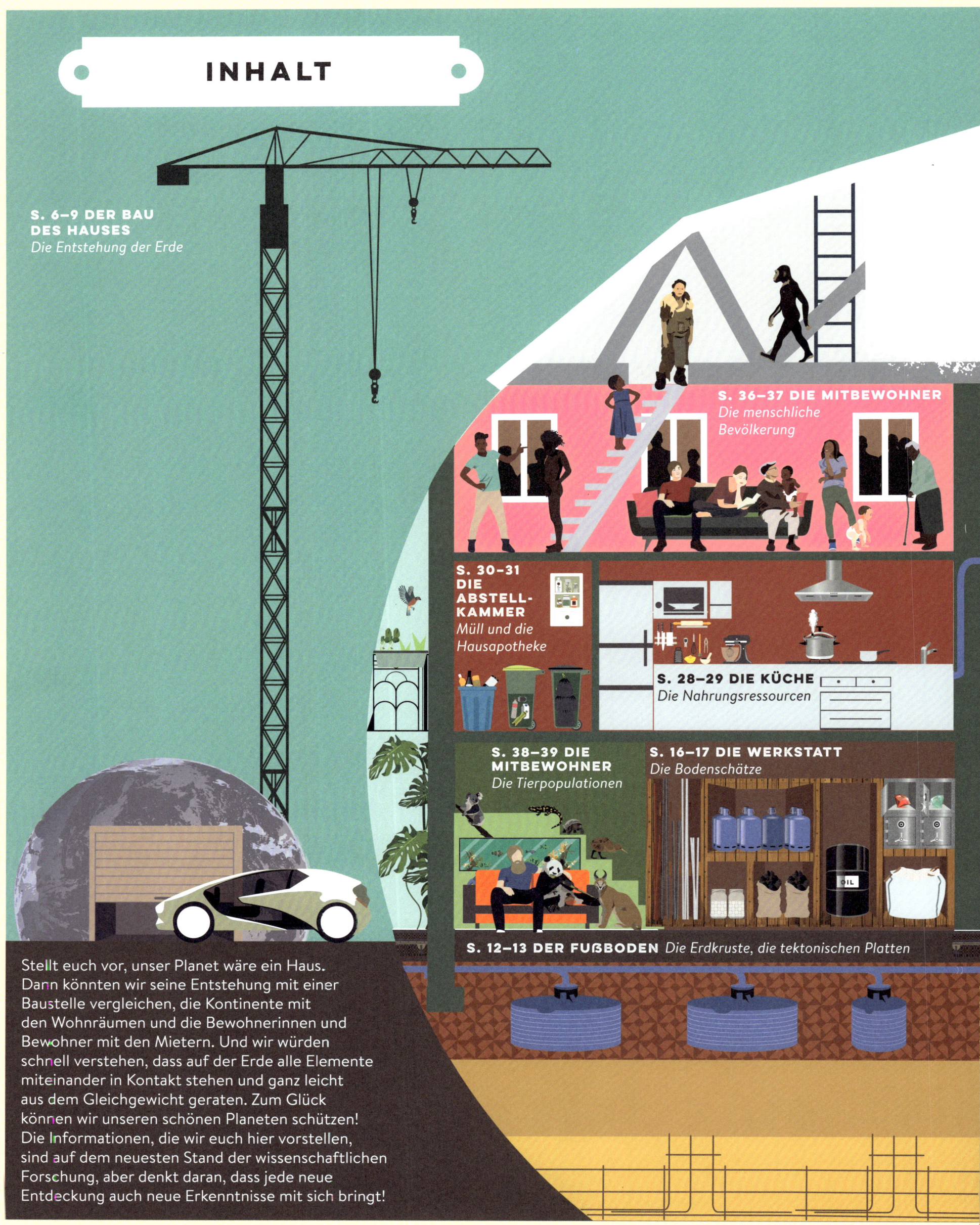

S. 6–9 DER BAU DES HAUSES
Die Entstehung der Erde

S. 36–37 DIE MITBEWOHNER
Die menschliche Bevölkerung

S. 30–31 DIE ABSTELLKAMMER
Müll und die Hausapotheke

S. 28–29 DIE KÜCHE
Die Nahrungsressourcen

S. 38–39 DIE MITBEWOHNER
Die Tierpopulationen

S. 16–17 DIE WERKSTATT
Die Bodenschätze

S. 12–13 DER FUSSBODEN *Die Erdkruste, die tektonischen Platten*

Stellt euch vor, unser Planet wäre ein Haus. Dann könnten wir seine Entstehung mit einer Baustelle vergleichen, die Kontinente mit den Wohnräumen und die Bewohnerinnen und Bewohner mit den Mietern. Und wir würden schnell verstehen, dass auf der Erde alle Elemente miteinander in Kontakt stehen und ganz leicht aus dem Gleichgewicht geraten. Zum Glück können wir unseren schönen Planeten schützen! Die Informationen, die wir euch hier vorstellen, sind auf dem neuesten Stand der wissenschaftlichen Forschung, aber denkt daran, dass jede neue Entdeckung auch neue Erkenntnisse mit sich bringt!

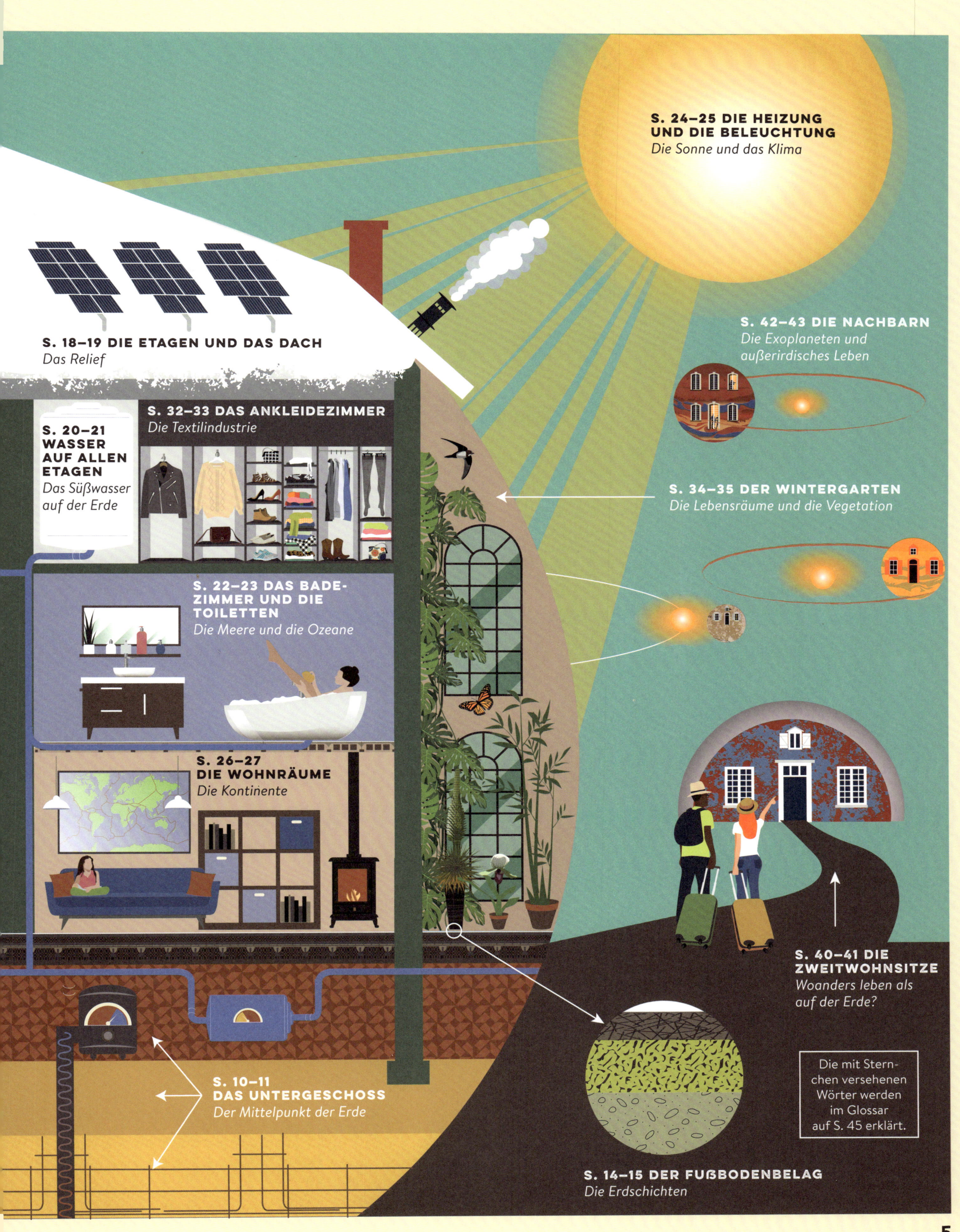

DER BAU DES HAUSES

DIE ENTSTEHUNG DER ERDE

DIE ENTWÜRFE DER ARCHITEKTEN

DIE BAUGENEHMIGUNG

EMPFÄNGER:	Herr Universum
ART DES PROJEKTS	
URSPRUNG:	Niemand weiß, wann und wie das Universum entstanden ist. Die meisten Wissenschaftler glauben, dass eine gewaltige Explosion zu seiner Entstehung geführt hat: der Urknall.
ANZAHL DER BAUPLÄTZE:	Ab diesem Moment haben sich die Galaxien mit ihren Sternen und Planeten gebildet.
GESAMTFLÄCHE:	Unbekannt.
GENEHMIGUNG AUSGESTELLT AM:	Vor 13,7 Milliarden Jahren.
ANZAHL DER STÄDTE:	Es gibt mindestens 2.000 Milliarden Galaxien im Universum.

☐ PROJEKT 1: DAS FLACHE HAUS

Bis ins 5. Jahrhundert v. Chr. glaubten griechische Philosophen, dass die Erde die Form einer Scheibe habe und von einem Fluss gesäumt sei. Einige glaubten sogar, dass sie von einer Säule getragen werde, während andere davon ausgingen, dass sie auf dem Wasser treibe oder in der Luft schwebe.

DIE ENTSTEHUNG DER ERDE DAUERTE FAST 40 MILLIONEN JAHRE

☐ PROJEKT 2: DAS RUNDE HAUS

Ab dem 5. Jahrhundert v. Chr. behaupteten die meisten Philosophen, dass die Erde rund sei und man die Sterne nicht überall auf der Welt gleichermaßen sehen könne, weil die Erdkrümmung eine vollständige Sicht auf den Himmel verhindere.

☐ PROJEKT 3: DAS RUNDE, ABGEFLACHTE HAUS

Im 17. Jahrhundert entdeckten Wissenschaftler die Gravitation*. Das ist eine Kraft, die Objekte, die sich durch den (Welt-)Raum bewegen, anzieht und verformt. Da sich die Erde um die eigene Achse und um die Sonne dreht, wirkt eine Kraft (die Zentrifugalkraft) auf sie ein, wodurch sie am Nord- und Südpol leicht abflacht: Sie ist also nicht ganz rund!

12.756 KM IM DURCHMESSER

entspricht 4 Mal Australien von Nord nach Süd

☑ PROJEKT 4: DAS HAUS ALS KARTOFFEL

Die Bilder, die von Satelliten im Weltall aufgenommen wurden, zeigen, dass die Erde in Wirklichkeit voller Dellen und Beulen ist, die unseren Planeten wie eine Kartoffel aussehen lassen.

OBERFLÄCHE DER ERDE 510.065.700 KM²

= 1.400 × DEUTSCHLAND

DER ROHBAU

③

10 MILLIARDEN JAHRE

Der Tod eines riesigen Sterns löste eine Explosion in der Milchstraße aus, was zu einer riesigen Wolke aus Gas und Staub führte:

EINEM „NEBEL"

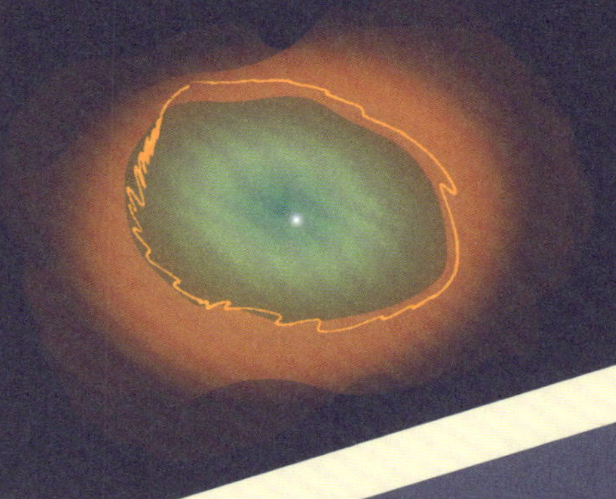

5 MILLIARDEN JAHRE

Die Überreste des Sterns wurden von der Gravitation* angezogen. Dann verdichtete sich die Wolke langsam und bildete im Zentrum eine Kugel aus Gas, die immer größer und heißer wurde:

DIE SONNE!

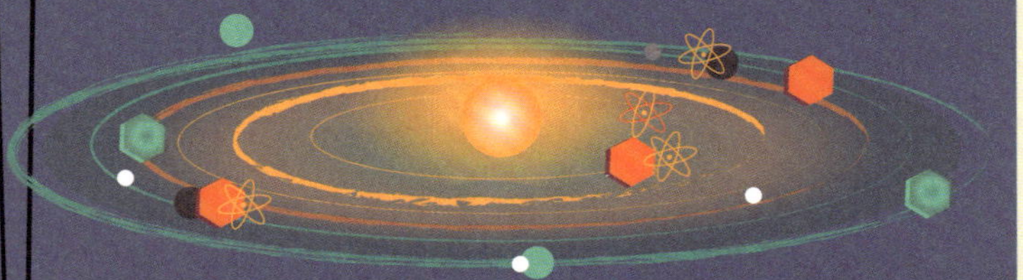

Die Reste der Wolke bildeten eine Scheibe um die Sonne, auf der sich der Staub zu Protoplaneten ballte – Vorläufer von Planeten, die einen Durchmesser von wenigen Metern bis hin zu einigen Dutzend Metern haben können.

4,6 MILLIARDEN JAHRE

Die Planeten, die am leichtesten und der Sonne am nächsten sind, zogen Staubteilchen an und wurden zu Gesteinsplaneten: Merkur, Venus, Erde und Mars. Die Planeten, die am schwersten und am weitesten von der Sonne entfernt sind, zogen Gase an und wurden zu Gasplaneten: Jupiter, Saturn, Uranus und Neptun.

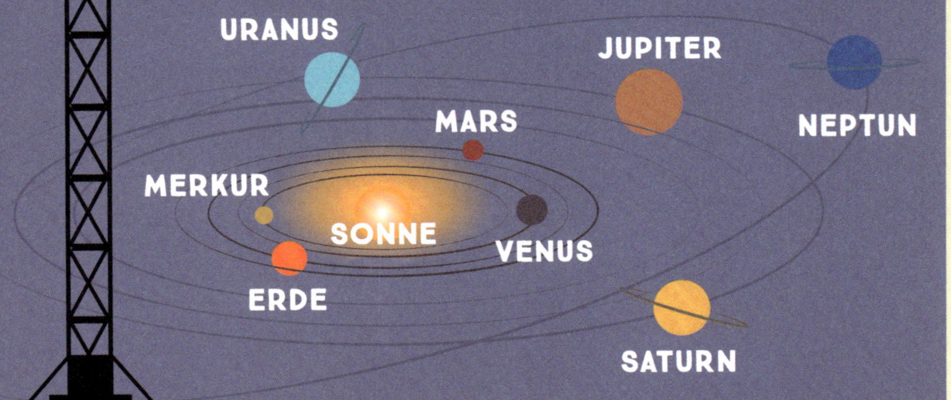

DIE ERDE WIEGT CIRCA 5,97 TRILLIARDEN TONNEN

Das entspricht 80 Billiarden Eiffeltürmen!

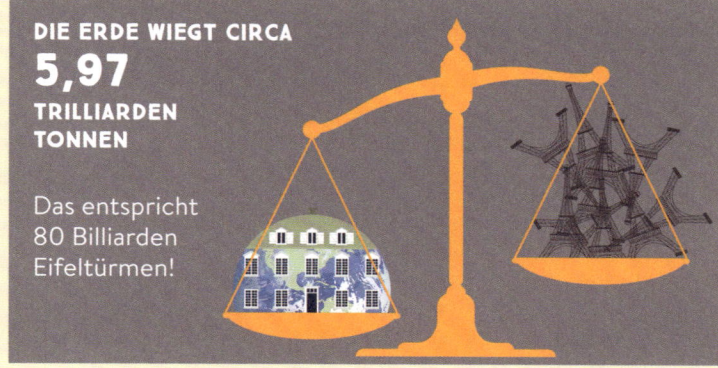

Das ursprüngliche Haus

Bei ihrer Entstehung glich die Erde einer brennend heißen Wolke aus Silizium, Sauerstoff, Eisen, Nickel und Aluminium.

Dutzende Millionen Jahre später war es immer noch unmöglich, so auf ihr zu leben, wie wir es heute tun. Es gab weder Wasser noch Land, und unser Planet war komplett mit Lava bedeckt. Die Temperatur auf der Oberfläche betrug über

2.000 °C

Die Erde war so lebensfeindlich, dass Geologen diese Zeit als Hadaikum bezeichnen – in Anlehnung an Hades, den Totengott aus der griechischen Mythologie.

⚠ ACHTUNG, GEFAHR!

Damals soll die Erde auch von unglaublich vielen Asteroiden und Kometen getroffen worden sein, was Wissenschaftler heute als das „Große Bombardement" bezeichnen.

DAUER DES BOMBARDEMENTS: ZWISCHEN 50 UND 150 MILLIONEN JAHRE

ZAHL DER EINSCHLÄGE: 20.000 MAL MEHR ALS HEUTE AUF DER ERDE REGISTRIERT WERDEN

④ DIE FERTIGSTELLUNG

VOR KNAPP 4,4 MILLIARDEN JAHREN BETRUG DIE TEMPERATUR AUF DER ERDOBERFLÄCHE FAST 300 °C.

DER PLANET KÜHLTE SICH WEITER AB UND NAHM VOR 3,5 MILLIARDEN JAHREN SEINE AKTUELLE FORM AN.

DIE ATMOSPHÄRE
Der Teil der Wolke, der in einem gasförmigen Zustand geblieben ist, wurde zur Atmosphäre und besteht vor allem aus Kohlenstoffdioxid.

DIE ERDKRUSTE
Die äußere, feste Schale der Erde besteht aus den leichteren Elementen, die an die Oberfläche gekommen sind (Silizium und Aluminium).

DER KERN
Er besteht aus den schwersten Elementen (Eisen und Nickel).

DIE OZEANE
Das Wasser stammt zum Teil von Meteoriten, die auf die Erde eingeschlagen sind, und zum Teil im Zuge der Ausgasung* aus dem Erdinneren. Insgesamt haben sich die Ozeane in „nur" 150 Millionen Jahren auf der Erdoberfläche entwickelt.

⑤ DIE BAUSTOFFE

Die Erde ist ein erdähnlicher Himmelskörper*. Sie ist aus Gestein, das wiederum aus 92 natürlichen chemischen Elementen besteht.

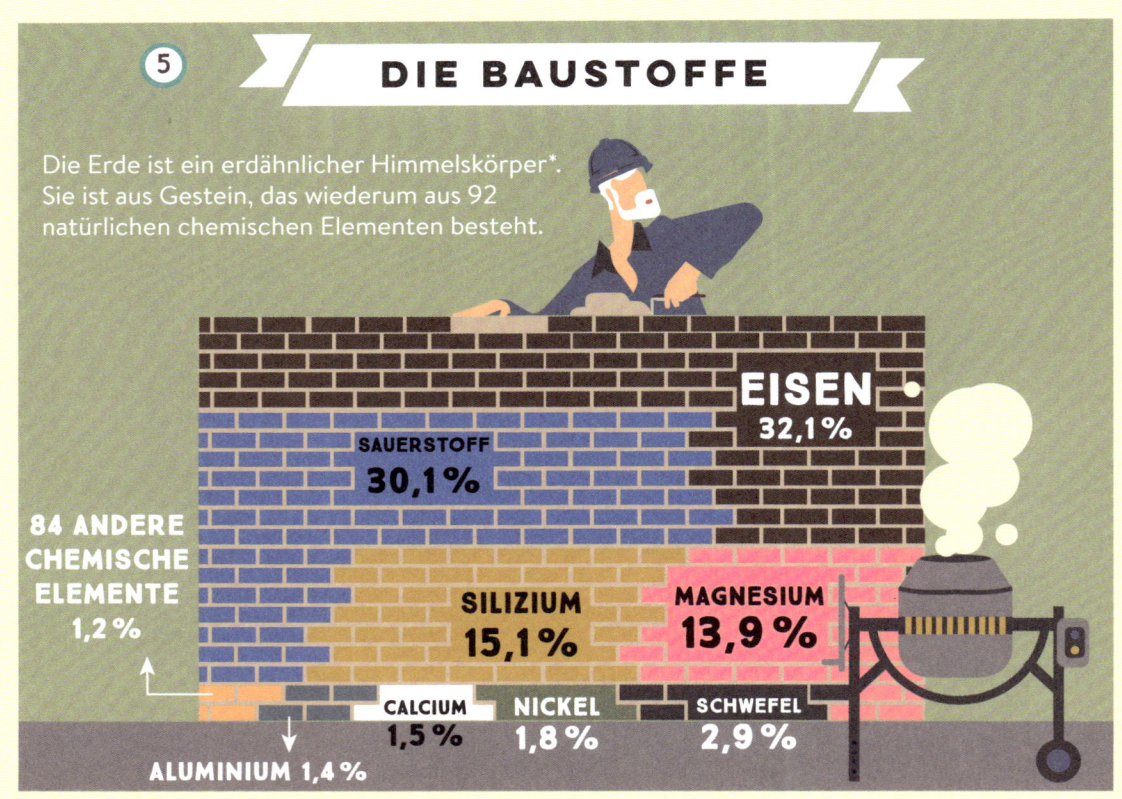

- EISEN 32,1 %
- SAUERSTOFF 30,1 %
- SILIZIUM 15,1 %
- MAGNESIUM 13,9 %
- SCHWEFEL 2,9 %
- NICKEL 1,8 %
- CALCIUM 1,5 %
- ALUMINIUM 1,4 %
- 84 ANDERE CHEMISCHE ELEMENTE 1,2 %

DIE ADRESSE DES HAUSES

⑥

Das Land

Da wir weder die Form noch die Ausmaße des Universums kennen, ist es schwierig, den Standort der Milchstraße exakt zu bestimmen. Wir wissen nur, dass sie sich in einem Galaxienhaufen namens „Lokale Gruppe" befindet, der um die 40 Galaxien umfasst.

Die Stadt

Unser Sonnensystem befindet sich in der großen Spiralgalaxie der Milchstraße. Diese besteht aus einem leuchtenden Kern, der „Bulge" genannt wird, von dem enorme Spiralarme ausgehen, welche aus Sternen bestehen. Die Sonne befindet sich in einem dieser Arme, dem Orionarm, und ist circa 30.000 Lichtjahre vom Zentrum unserer Galaxie entfernt.

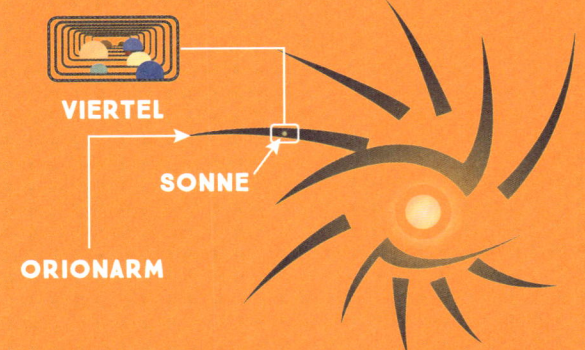

VIERTEL — SONNE — ORIONARM

Das Viertel

Unser Planet ist Teil des Sonnensystems und umfasst einen Stern (die Sonne), acht Planeten und deren natürliche Satelliten, Zwergplaneten und Milliarden von Himmelskörpern (Asteroiden, Kometen etc.).

Die Straße

Die Erde ist, nach Merkur und Venus, der dritte Planet, der um die Sonne kreist.

DER BAU DER GARAGE

⑦

Vor 4,35 Milliarden Jahren kollidierte die noch sehr heiße Erde mit einem anderen Planeten namens „Theia".

DER MOND IST DER EINZIGE SATELLIT DER ERDE

Auf Basis aktueller Studien gehen Wissenschaftler heute davon aus, dass nicht nur eine, sondern fast 20 solcher Kollisionen notwendig waren, um den Mond zu formen. Diese Theorie ist jedoch noch ziemlich neu und wird lebhaft diskutiert.

Der Einschlag sprengte brennend heiße Stücke von der Erde ab, die sich in der Umlaufbahn unseres Planeten sammelten. **DER MOND ENTSTAND!**

DER MOND MISST 3.474 KM IM DURCHMESSER UND ENTSPRICHT DAMIT EINEM VIERTEL DER ERDE: 12.756 KM

4× 🌑 = 🌍

4 TAGE UND 7 STUNDEN:

So lange brauchten Neil Armstrong und Buzz Aldrin, um am 21. Juli 1969 als erste Menschen im Zuge der Apollo-11-Mission den Mond zu erreichen.

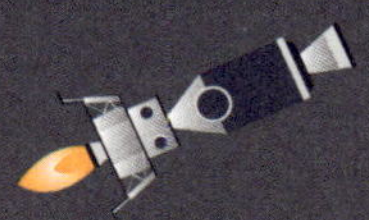

⑧ DIE ENTFERNUNG VOM HAUS BIS ZUR GARAGE

Wissenschaftler haben berechnet, dass die Entfernung des Monds von der Erde im Moment seiner Entstehung nur **22.500 KM** betrug.

Seitdem entfernt er sich aber jedes Jahr um 3,78 cm.

FRÜHER

+ 3,78 CM

HEUTE TRENNEN 384.000 KM DIE ERDE VOM MOND

DIE FLUGZEIT ZUM MOND HÄNGT VOM JEWEILIGEN FLUGKÖRPER AB

DAS BLAUE WUNDER

7. DEZEMBER 1972 Das erste gut ausgeleuchtete Bild unseres Planeten wird von der Mannschaft der Apollo 17 aus einer Entfernung von circa **45.000 KM** zur Erde aufgenommen.

8 H 35 MIN:

So lange brauchte die Raumsonde New Horizons, die 2006 von der Trägerrakete Atlas V abgefeuert wurde, von der Erde bis zum Mond.

Der Mond bewegt sich mit einer durchschnittlichen Geschwindigkeit von **3.683 KM/H**, also vier bis fünf Mal schneller als ein Linienflugzeug.

⑨ EINE MOBILE GARAGE

Ein Mond ist ein Himmelskörper, der um einen Planeten kreist. Unser Mond braucht 28 Tage, um die Erde komplett zu umrunden.

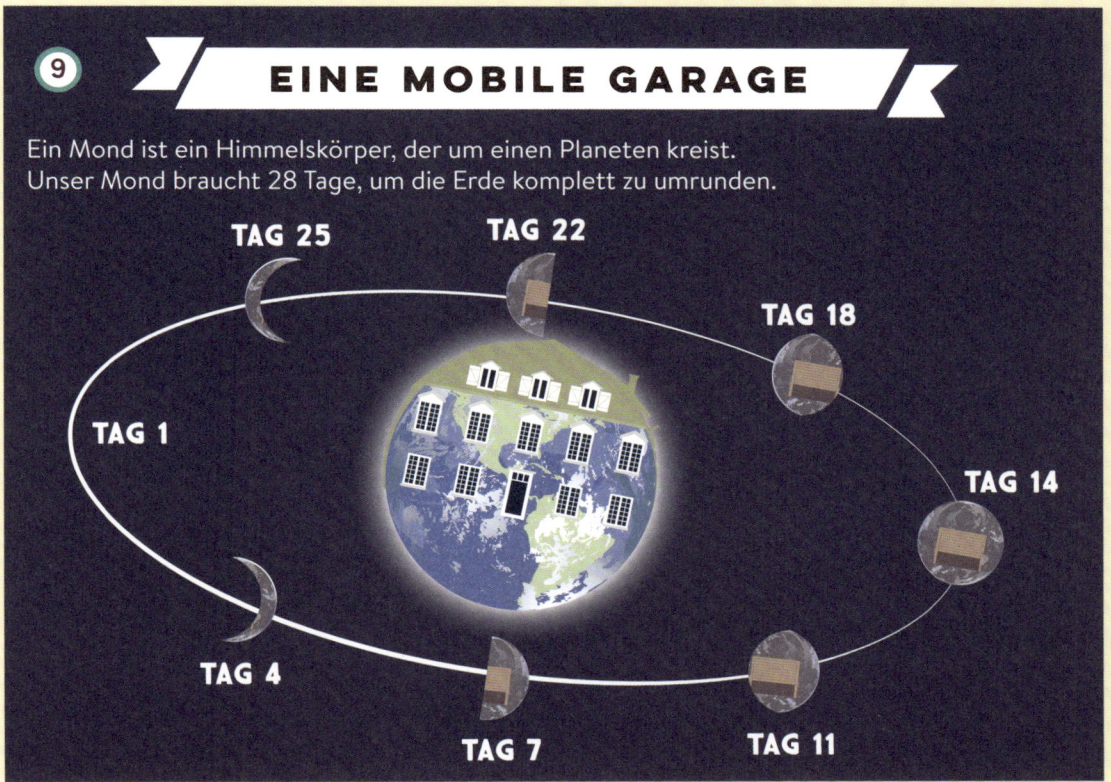

TAG 25 — TAG 22 — TAG 18 — TAG 14 — TAG 11 — TAG 7 — TAG 4 — TAG 1

DAS UNTERGESCHOSS

DER MITTELPUNKT DER ERDE

DER ERDMANTEL BEANSPRUCHT 82 % DES VOLUMENS DER ERDE UND DER ERDKERN 16,5 %

1. 1936: INGE LEHMANN

Als Inge Lehmann, eine dänische Seismologin, die Ausbreitung seismischer Wellen im Innern der Erde untersuchte, entdeckte sie, dass der Erdkern einen festen inneren Kern enthält, während bis dahin alle von einem komplett flüssigen Kern ausgegangen waren. 1971 erhielt sie als erste Frau die William Bowie Medaille, die jedes Jahr von der Amerikanischen Geophysikalischen Vereinigung vergeben wird.

2. UNABHÄNGIGE STROMERZEUGUNG

Der innere Erdkern bewegt sich im äußeren Erdkern. Er dreht sich in dieselbe Richtung wie die Erde, nur schneller, während sich der flüssige äußere Erdkern in die entgegengesetzte Richtung dreht. Dabei wird das flüssige Metall umgewälzt und elektrische Ströme sowie ein Magnetfeld werden erzeugt.

DURCHSCHNITTLICHE GESCHWINDIGKEIT DES INNEREN KERNS: 1.700 KM/H

= 5 × **SO SCHNELL WIE EIN FORMEL-1-AUTO**

3. DIE MOHO

1909: ANDRIJA MOHOROVICIC

Er entdeckte, dass es eine Trennfläche zwischen Erdmantel und Erdkruste gibt, die hauptsächlich aus basaltähnlichem Gestein und granitischen Gesteinen besteht, welche eine andere Zusammensetzung aufweisen als die Gesteine (Peridotite), die den Erdmantel bilden. Diese Fläche wird abgekürzt als „Moho" bezeichnet.

4. EIN UNTERGESCHOSS MIT ZWEI ETAGEN

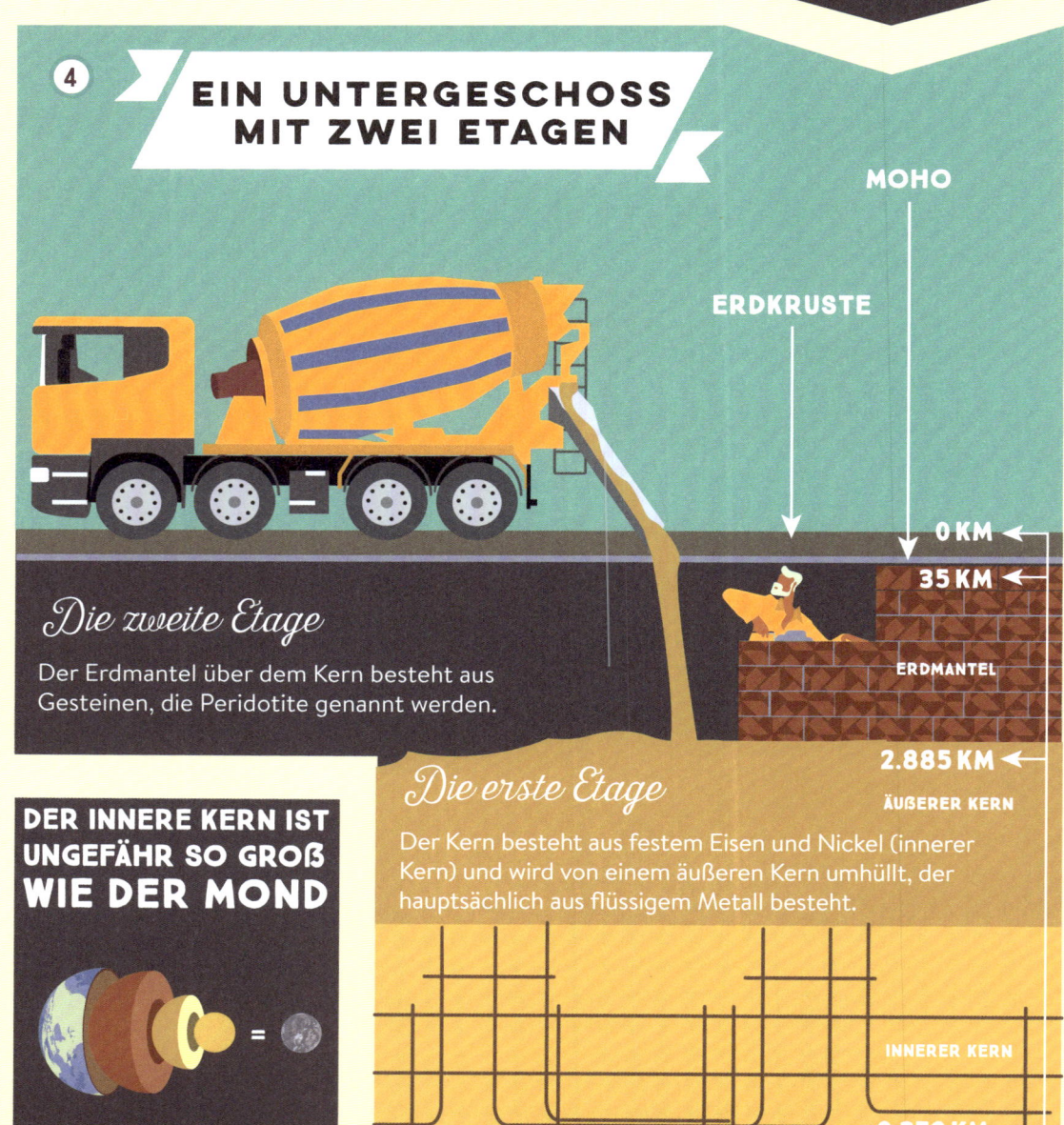

MOHO
ERDKRUSTE
0 KM
35 KM
ERDMANTEL
2.885 KM
ÄUSSERER KERN
INNERER KERN
6.378 KM

Die zweite Etage
Der Erdmantel über dem Kern besteht aus Gesteinen, die Peridotite genannt werden.

Die erste Etage
Der Kern besteht aus festem Eisen und Nickel (innerer Kern) und wird von einem äußeren Kern umhüllt, der hauptsächlich aus flüssigem Metall besteht.

DER INNERE KERN IST UNGEFÄHR SO GROSS WIE DER MOND

5. DER KESSEL

DIE TEMPERATUR IM INNERN DER ERDE HÄNGT VON DER JEWEILIGEN TIEFE AB.

Im inneren Erdkern liegt sie bei 6.000 °C, während sie im äußeren Erdkern um die 3.300 °C beträgt. Im Erdmantel sinkt die Temperatur schrittweise von 3.300 °C auf 200 °C ab und erreicht einen Durchschnittswert von

15 °C AUF DER ERDOBERFLÄCHE

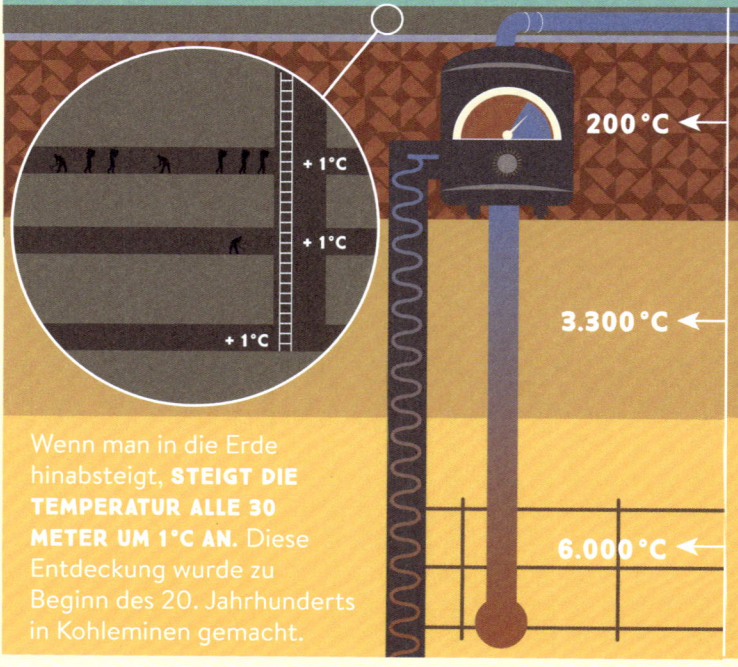

200 °C
3.300 °C
6.000 °C

Wenn man in die Erde hinabsteigt, **STEIGT DIE TEMPERATUR ALLE 30 METER UM 1 °C AN.** Diese Entdeckung wurde zu Beginn des 20. Jahrhunderts in Kohleminen gemacht.

DAS SICHERHEITSSYSTEM DES HAUSES

400 KM/S: DURCHSCHNITTLICHE GESCHWINDIGKEIT DES SONNENWINDES

DER WARM-WASSERSPEICHER

Gibt es einen Ozean im Inneren der Erde?

In bestimmten Gesteinen (den Ringwoodite) wurden Spuren von Wasser entdeckt, die aus den Tiefen des Erdmantels stammen.

Zwar kann uns die Wissenschaft nicht genau sagen, wie viel Wasser der Erdmantel beinhaltet und in welcher Tiefe es sich genau befindet, doch gilt heute als gesichert, dass sich Wasser im Inneren der Erde befindet.

UNSER PLANET KÖNNTE SO VIEL WASSER ENTHALTEN WIE ALLE OZEANE ZUSAMMEN!

Schalter auf On (Magnetfeld aktiv)

Die Erde ist von einem Magnetfeld umgeben, das sie bis auf eine Entfernung von 60.000 km schützt. Es sorgt dafür, dass der Sonnenwind (ein Strom geladener Teilchen, die in alle Richtungen abströmen) nicht in unsere Atmosphäre eindringen kann.

Schalter auf On/Off (Magnetfeld weniger aktiv)

Das Magnetfeld ist an den Polen weniger effektiv, weshalb dort manchmal Teilchen von der Sonne in unsere Atmosphäre eindringen können. Wenn sie auf Gase in der Luft treffen (Sauerstoff, Stickstoff etc.), leuchten diese wie bunte Bänder am Himmel auf (in Grün, Rot usw.): Polarlichter entstehen, die auf der Nordhalbkugel „Nordlicht" oder „Aurora borealis" und auf der Südhalbkugel „Südlicht" oder „Aurora australis" genannt werden.

Schalter auf Off (Magnetfeld nicht aktiv)

Die Erde ist den Sonnenwinden ausgesetzt. Die Sonne sendet pausenlos Millionen geladener Teilchen in alle Richtungen – auch zur Erde. Würden sie in die Erdatmosphäre gelangen, wären unsere Satelliten, GPS-Systeme und alle elektrischen Geräte auf der Erde gestört. Und ohne Magnetfeld würden brennende Winde die Ozeane austrocknen und alles Leben vernichten.

DIE GARANTIE

DER ÄUSSERE ERDKERN KÜHLT NUR SEHR LANGSAM AB
Die Konsequenz? Er verfestigt sich mit einer Geschwindigkeit von 1.000 t pro Sekunde und vergrößert sich jedes Jahr um knapp 1 mm.  Wissenschaftler vermuten, dass es mehrere Milliarden Jahre dauern müsste, bis der Kern sich komplett verfestigt hat. Das Magnetfeld dürfte daher noch sehr, sehr lange seine Funktion erfüllen.

DER FUßBODEN

DIE ERDKRUSTE, DIE TEKTONISCHEN PLATTEN

① DIE DICKE DES FUßBODENS

Die Erdkruste, die den Erdmantel unseres Planeten bedeckt, ist relativ zerstückelt. Sie besteht, ähnlich wie ein Puzzle, aus zwölf sehr großen Erdplatten und einer Reihe kleinerer Platten, die „tektonische Platten" oder „Kontinentalplatten" genannt werden.

8 KM

1. Dünner in den Badezimmern

Der Teil der Erdkruste, der sich unter den Ozeanen befindet, bildet die ozeanische Erdkruste. Sie besteht größtenteils aus basaltähnlichem Gestein und macht 70 % der Erdoberfläche aus. Sie ist zwischen 5 und 8 km dick.

70 KM

2. Dicker in den Wohnräumen

Die kontinentale Erdkruste, welche die Kontinente bildet, besteht aus granitischen Gesteinen. Sie macht 30 % der Erdoberfläche aus und ist zwischen 15 und 70 km dick.

---

1 MM
DICKE DER ERDKRUSTE, WENN SIE EIN FUßBALL WÄRE

ÜBER 80 % DER ERDBEBEN EREIGNEN SICH UM DEN PAZIFISCHEN OZEAN

② DAS SCHWIMMENDE PARKETT

Tief unter unseren Füßen, im Innern der Erde, bewegt sich heißes Material ganz langsam nach oben und abgekühltes Material nach unten, was als „Mantelkonvektion" bezeichnet wird. Das Ergebnis: Diese Umwälzungen oder Konvektionsströme führen dazu, dass sich die Platten, welche die Erdkruste ausmachen, bewegen. Das nennt man „Plattentektonik".

1912

Der Geophysiker Alfred Wegener entwickelte die Theorie der Kontinentalverschiebung. Er verstand, dass sich die Kontinente unter unseren Füßen bewegen und verschieben.

DER FUßBODEN REIßT AUF

③

Wenn sich die tektonischen Platten bewegen, können sie gegeneinanderstoßen, sich voneinander entfernen oder übereinanderschieben. Diese Bewegungen erzeugen einen Druck, bei dem sich die Platten elastisch verformen, und wenn sie brechen, geschieht das mit einer solchen Kraft, dass es zu einem leichten bis starken Beben kommt.

EIN ERDBEBEN ENTSTEHT!

DER SEISMOGRAF

④

Dieses Gerät misst die Magnitude (Stärke) eines Erdbebens und damit die Energie, die von dem Beben ausgeht, auf einer Skala von 0 bis 9,5. Die Intensität eines Erdbebens wird hingegen mit der MSK-Skala (Medwedew-Sponheuer-Kárník-Skala) gemessen. Sie reicht von I bis XII und beschreibt die Auswirkungen des Bebens auf Mensch und Umwelt.

I	Das Beben ist nicht zu spüren.
II	
III	Es verursacht ein leichtes Vibrieren.
IV	
V	Es weckt uns auf.
VI	Möbel wackeln.
VII	Es entstehen Risse.
VIII	Es bringt Häuser zum Einsturz.
IX	
X	Es zerstört Brücken.
XI	Es zerstört ganze Städte.
XII	

IM SCHNITT werden jeden Tag auf der Erde **300 ERDBEBEN** der Stärke 3 und darüber hinaus gemessen. Zum Glück sind die meisten jedoch sehr schwach und verursachen keine Schäden!

9,5
DAS STÄRKSTE JEMALS GEMESSENE BEBEN

Am 22. Mai 1960 zerstörte ein gewaltiges Erdbeben die Stadt Valdivia in Chile und löste einen Tsunami aus. Auf dem Meer entstanden meterhohe Wellen, die mit 800 km/h auf die Küste trafen.

⑤ DIE BRUCHLINIE FINDEN

Erdbeben entstehen an Bruchlinien. Das sind tiefe Risse in der Erdkruste, welche die Grenze zwischen zwei Platten markieren.

⑥ DER FUßBODEN VERFORMT SICH!

Wenn sich zwei Platten voneinander entfernen oder sich übereinanderschieben, kann Magma tief aus dem Erdmantel an die Oberfläche treten und einen Vulkan entstehen lassen.

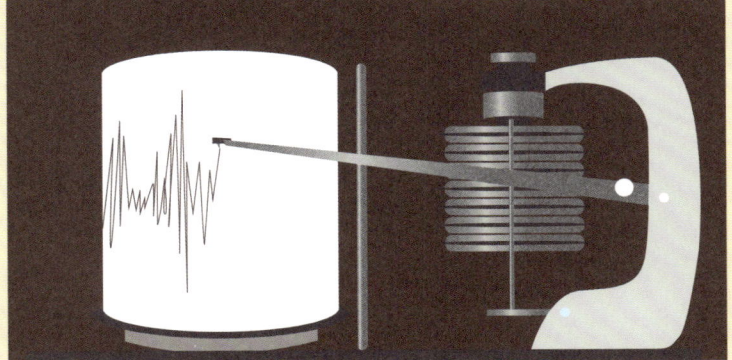

⑦ ERDBEBEN VORHERSAGEN?

Und wenn die Erde tatsächlich bebt, weiß jeder, was zu tun ist: Man versteckt sich unter Möbeln und hält sich von den Fenstern fern, um sich vor Glassplittern und/oder Trümmern zu schützen.

Das ist unmöglich! Wir kennen zwar die Risikozonen, aber es existiert keine Methode, um Erdbeben vorherzusagen. Wie wir uns schützen können? Indem wir in häufig betroffenen Ländern (z. B. Chile, Japan, den Vereinigten Staaten) erdbebensichere Gebäude bauen, die selbst starken Beben standhalten, ohne einzustürzen.

DER FUßBODENBELAG

DIE ERDSCHICHTEN

1M DICK — DURCHSCHNITTLICHE STÄRKE DER BÖDEN

DIE BILDUNG EINES BODENS DAUERT 100 BIS 10.000 JAHRE

EIN DREISCHICHTIGER TEPPICHBODEN

UNTER DER VEGETATION TEILT SICH DER BODEN IN DREI SCHICHTEN AUF, DIE „HORIZONTE" GENANNT WERDEN:

1. **STREU** (pflanzliche und tierische Überreste, die verwittern)
2. **HUMUS ODER „MUTTERBODEN"** (Mischung aus organischen und mineralischen Substanzen)
3. **EINE MINERALISCHE SCHICHT** (Sand, Ton etc.)

Die Horizonte überlagern das Ausgangsgestein, den oberen Teil der Erdkruste.

DER FARBFÄCHER

Die unterschiedlichen Bodentypen hängen vom Klima ab, von der Art der Erdkruste, den dort heimischen Organismen (Tiere, Pilze, …) und den menschlichen Aktivitäten (Bepflanzung, Tierzucht, …).

DIE PEDOLOGIE (BODENKUNDE) UNTERSCHEIDET ACHT HAUPTTYPEN:

BÖDEN SPEICHERN DREIMAL MEHR KOHLENSTOFF ALS PFLANZEN.

- **Braunerden** — In Wäldern mit gemäßigtem Klima (Frankreich, Deutschland, …). Sehr fruchtbar und ideal zu bewirtschaften.
- **Fersiallitische Böden** — Im Mittelmeerraum (Griechenland, Spanien, …). Häufig nährstoffreich und fruchtbar.
- **Halomorphe Böden** — In semiariden Regionen (Benin, Mali, …). Arm an organischem Material und wenig fruchtbar.
- **Podsole** — In Nadelwäldern kalter Regionen (Russland, Kanada, …). Arm an organischem Material und kaum fruchtbar. 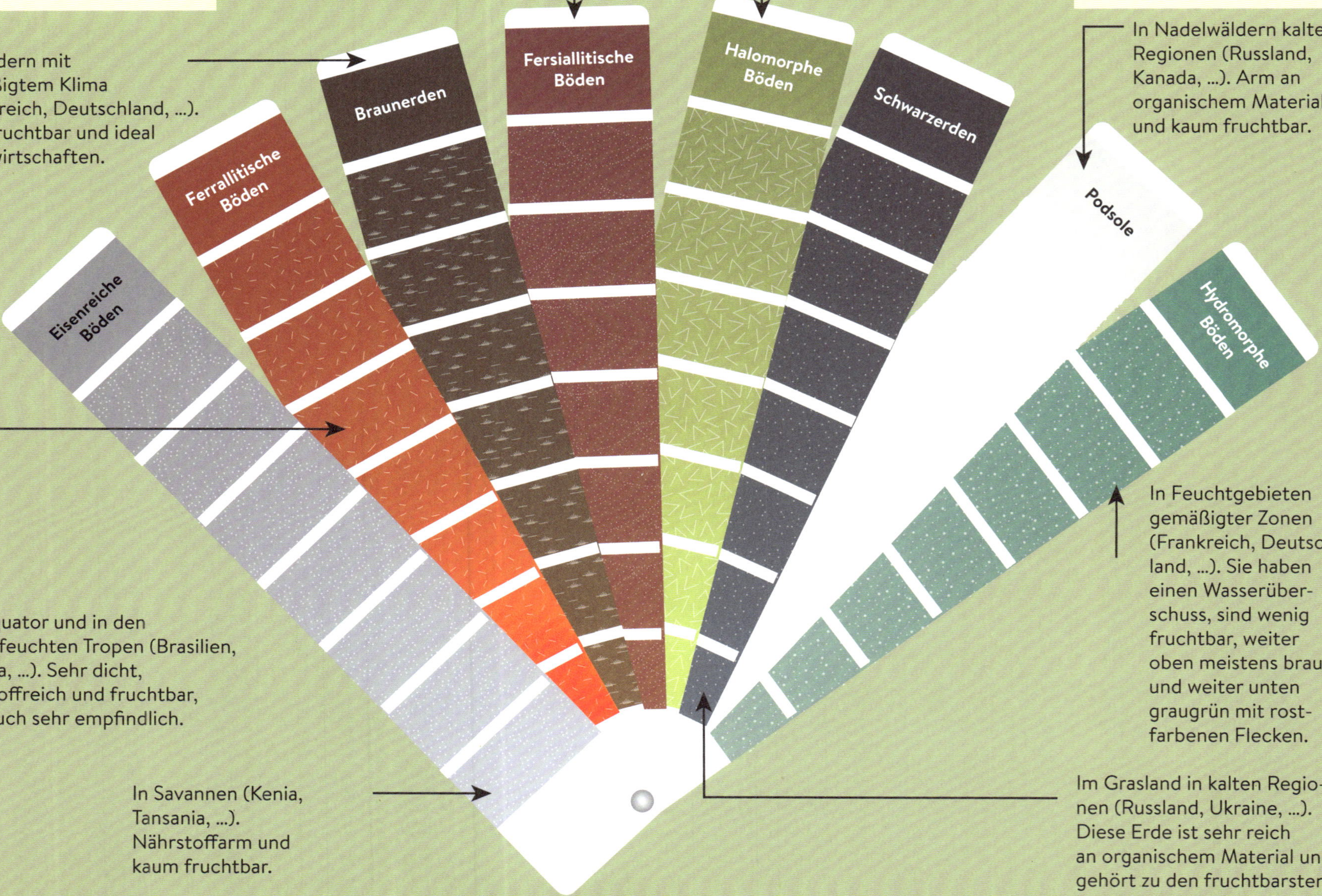
- **Eisenreiche Böden** / **Ferrallitische Böden** — Am Äquator und in den immerfeuchten Tropen (Brasilien, Guyana, …). Sehr dicht, nährstoffreich und fruchtbar, aber auch sehr empfindlich.
- In Savannen (Kenia, Tansania, …). Nährstoffarm und kaum fruchtbar.
- **Hydromorphe Böden** — In Feuchtgebieten gemäßigter Zonen (Frankreich, Deutschland, …). Sie haben einen Wasserüberschuss, sind wenig fruchtbar, weiter oben meistens braun und weiter unten graugrün mit rostfarbenen Flecken.
- **Schwarzerden** — Im Grasland in kalten Regionen (Russland, Ukraine, …). Diese Erde ist sehr reich an organischem Material und gehört zu den fruchtbarsten Böden der Welt.

DIE BADEMATTE

③

Der Boden speichert Regenwasser, das er wie eine Badematte aufsaugt. Er filtert es und legt Wasservorräte in den phreatischen Zonen* an: Fast ⅓ der Süßwasservorkommen befinden sich unter der Erde.

Ist der Boden jedoch beschädigt, verliert er seine absorbierenden Eigenschaften.

Die Folge? Das Wasser gleitet über die Erde wie über einen Regenschirm und verursacht Überschwemmungen und Hochwasser.

MILBEN IM TEPPICH

④

Böden sind vielfältige Lebensräume, in denen Pflanzen gedeihen und Menschen ihre Nahrung anpflanzen. Sie beherbergen zahlreiche Tiere, darunter 3.000 Regenwurmarten, die unverzichtbar für das Gleichgewicht der Böden sind: Ohne sie wären die Böden sehr viel ärmer. Diese unterirdische Welt wird aber auch von einer beachtlichen Zahl an Arten bevölkert, die für das bloße Auge unsichtbar sind: Milben, Springschwänze, Bakterien, Pilze und viele mehr. All diese Organismen sorgen dafür, dass die Böden noch reicher und fruchtbarer werden.

¼ DER BIODIVERSITÄT* DES PLANETEN STECKT IM BODEN.

EIN LÖFFEL GARTENERDE KANN ÜBER EINE MILLION ORGANISMEN ENTHALTEN, DIE MEHREREN TAUSEND ARTEN ANGEHÖREN.

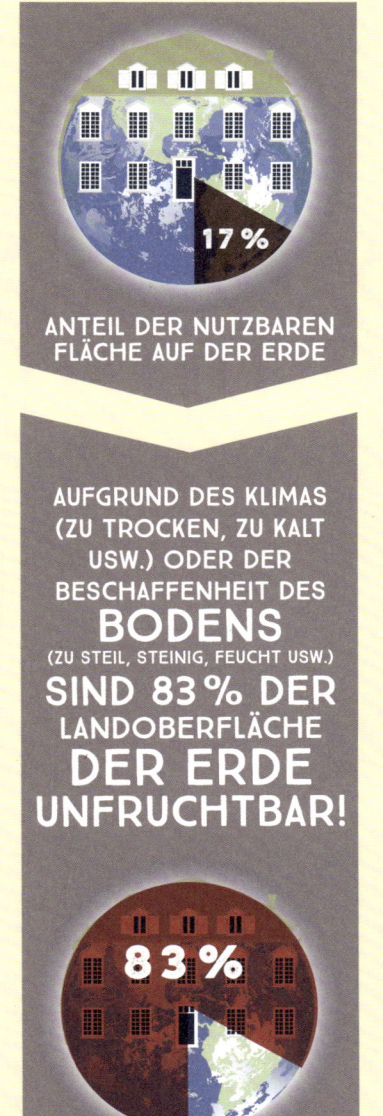

17 % ANTEIL DER NUTZBAREN FLÄCHE AUF DER ERDE

AUFGRUND DES KLIMAS (ZU TROCKEN, ZU KALT USW.) ODER DER BESCHAFFENHEIT DES **BODENS** (ZU STEIL, STEINIG, FEUCHT USW.) SIND **83 %** DER LANDOBERFLÄCHE **DER ERDE UNFRUCHTBAR!**

LÖCHER IM TEPPICH!

⑤

Gegen den Verschleiß ...

In den letzten hundert Jahren haben die Methoden und Produkte, die in der intensiven Landwirtschaft eingesetzt werden (Pestizide, Dünger, ...), aber auch Industrieabwässer, Verkehr, Bauwesen (Straßen, Wohnraum, ...) und Abfall (Deponien) die Böden verschmutzt, ausgelaugt, abgetragen und ausgewaschen.

DAS ERGEBNIS?
Über 33 % der Böden unseres Planeten sind in Mitleidenschaft gezogen.

... helfen Lösungen!

Eine gute und gesunde Ernährung hängt von der Qualität der Böden ab, die sowohl die Pflanzen, die wir anbauen, als auch die Tiere, die wir züchten, versorgen. Permakultur*, die sich an der Natur orientiert, ökologische Tierzucht und Landwirtschaft ohne Chemie, Müllvermeidung, Recycling und verringerter Fleischkonsum – es gibt zahlreiche Methoden, Umweltverschmutzung zu reduzieren und unsere Böden zu erhalten.

DIE WERKSTATT

DIE BODENSCHÄTZE

80

DIE MINIMALE ANZAHL DER METALLE, DIE IN EINEM AUTO VERBAUT SIND

METALLE UND MINERALIEN

brauchen wir, um einen Großteil unserer Alltagsutensilien (wie Geschirr, Computer, Autoteile) herzustellen.

DAS MATERIALLAGER

Die Erdkruste bietet, wie ein Baumarkt, fast alles, was wir benötigen, um uns das Leben angenehm zu machen: fossile Energien* (Kohle, Erdöl, Erdgas, ...), Gesteine (Kalkstein, Marmor, ...), Metalle (Eisen, Kupfer, ...) und über 4.000 Mineralien (Quarz, Kaolinit, Calcit, ...).

①

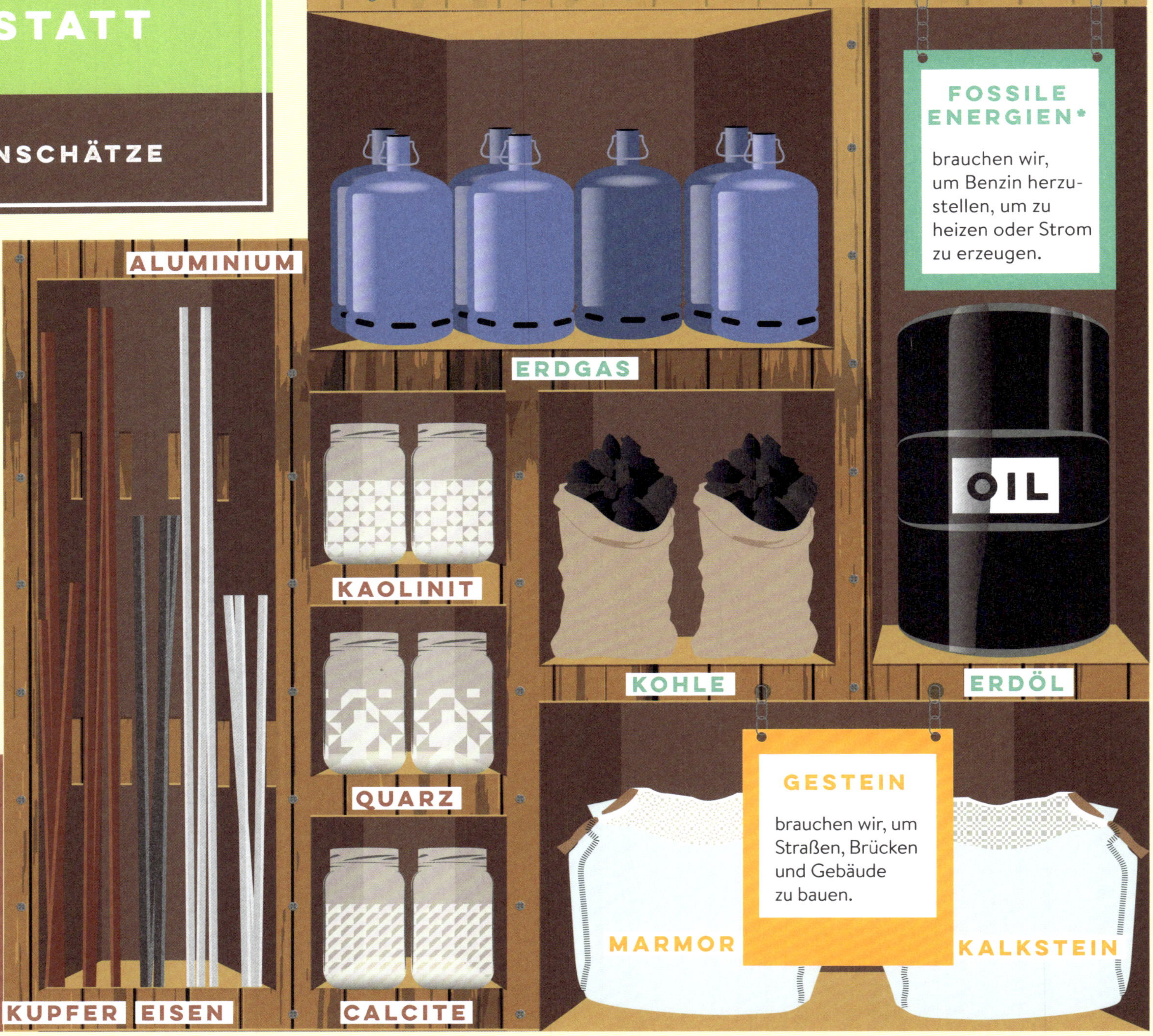

ALUMINIUM

ERDGAS

KAOLINIT

QUARZ

CALCITE

KUPFER **EISEN**

FOSSILE ENERGIEN*

brauchen wir, um Benzin herzustellen, um zu heizen oder Strom zu erzeugen.

KOHLE

ERDÖL

GESTEIN

brauchen wir, um Straßen, Brücken und Gebäude zu bauen.

MARMOR **KALKSTEIN**

---

② **SIND DIE REGALE BALD LEER?**

FOSSILE ENERGIEN*

entstehen über einen Zeitraum von mehreren Millionen Jahren aus abgestorbenen Organismen (vor allem Pflanzen). Sie sind nicht erneuerbar, die Reserven sind also begrenzt. Je mehr wir abbauen, desto schneller sind sie erschöpft.

WELTRESERVEN IN 50 JAHREN ERSCHÖPFT

Die Weltreserven reichen vielleicht nur noch knapp 150 Jahre.

METALLE UND MINERALIEN

Auch Metalle (Zink, Kupfer, Blei, ...) sind nur in einer begrenzten Menge in den Böden enthalten, und indem wir die natürlichen Vorkommen ausbeuten, schwinden die Reserven.

WELTRESERVEN IN 25 JAHREN ERSCHÖPFT

BLEI

Die weltweiten Reserven könnten nur noch knapp 20 Jahre reichen.

ERDGAS **ERDÖL** **KOHLE** **KUPFER** **ZINK**

③ DER SAFE

Die vier seltensten und wertvollsten Steine zur Herstellung von Schmuck entstehen im Erdmantel.

Smaragd — Diamant — Saphir — Rubin

Diamanten entstehen in einer Tiefe von 150 bis 200 km, also so weit unter der Erdoberfläche, dass kein Gerät dort hingelangt. Glücklicherweise steigen sie mit dem Magma (einer Mischung aus Gas und geschmolzenem Gestein) nach oben, das sich im Erdmantel bildet und bei Vulkanausbrüchen aus der Erde steigt. Aber erst viel später, wenn der Vulkan erloschen ist, können Menschen sie in den alten Vulkanschloten suchen, die dafür in Minen verwandelt werden.

⑤ ORDENTLICH WERKELN!

*Das Problem: die fossilen Energien**

Erdöl, Erdgas und Kohle lassen sich ganz einfach nutzen. Wenn sie jedoch verbrennen, sondern sie Partikel ab, welche die Atmosphäre verschmutzen und unser Klima gefährlich erwärmen.

3 MILLIARDEN JAHRE

So alt sind die ältesten Diamanten, die in Minen in Südafrika gefunden wurden!

Ein Beispiel: Aluminium

1. Das Aluminium, aus dem Dosen bestehen, wird aus dem Gestein Bauxit hergestellt. Die Bauxitvorkommen sind begrenzt und ihr Abbau verschmutzt die Umwelt.

④ DIE VORRÄTE ERNEUERN

Reserven können sich zwar erschöpfen, aber wir können alle Metalle, die sich in Alltagsgegenständen befinden (Dosen, Computer, Handys, Fernseher, …), recyceln und wiederverwenden. Auf diese Weise schonen wir unsere natürlichen Vorräte und begrenzen ihren Abbau, der oft die Umwelt verschmutzt.

2. Deshalb werfen wir unsere Dosen in Recyclingtonnen.

Die Lösung: erneuerbare Energien

Sonne, Wind, Wasser und Erdwärme halten uns warm und generieren unseren Strom. Der Vorteil? Die Sonnen- und Windenergie, Wasserkraft und Erdwärme können sich regenerieren. Sie gelten als zukunftsfähige Lösungen und werden überall auf der Welt weiterentwickelt.

3. Die Dosen werden in Aluminiumfabriken gebracht, eingeschmolzen und zu hauchdünnen Platten verarbeitet.

4. Das recycelte Metall kann anschließend verwertet werden, um Fahrradrahmen, Autoteile oder neue Dosen herzustellen.

670 RECYCELTE DOSEN = 1 FAHRRADRAHMEN

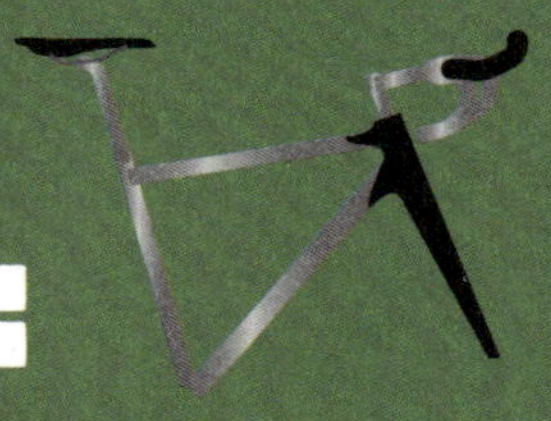

DIE ETAGEN UND DAS DACH

DAS RELIEF

FAST 90 % VON POLEN LIEGT UNTER 200 M HÖHE.

Diese geografische Besonderheit steckt sogar im Namen, der sich auf den Stamm der Polanen zurückführen lässt, was wörtlich so viel wie „die auf dem Boden leben" bedeutet.

RELIEFKARTE VON POLEN
- über 600 m
- 200 bis 600 m
- unter 200 m

Die zweite Etage und der Dachboden

Gebirge bedecken über ¼ der Erdoberfläche. Doch je höher sie sind, desto unbewohnter sind sie auch. Was das bedeutet? Nur circa 10 % der Weltbevölkerung lebt im Gebirge. Knapp 8 % der Menschheit lebt in über 1.000 m Höhe, 1,5 % in über 2.000 m und weniger als 1 % in über 2.500 m Höhe.

Die erste Etage

Über den Ebenen, auf einer Höhe von 200 bis 600 m, befinden sich die Plateaus. Sie sind von tiefen Tälern oder Schluchten umgeben und ohne Brücken oder Viadukte nur schwer zu erreichen.

Das Erdgeschoss

Ebenen sind weitläufige, flache oder leicht hügelige Flächen und liegen auf einer Höhe von unter 200 m. Sie befinden sich meist in Meeresnähe und sind von Flüssen durchzogen, weswegen sie bevorzugt landwirtschaftlich genutzt, bebaut und befahren werden. Das Ergebnis? Hier lebt über **50 % DER WELTBEVÖLKERUNG!**

① DAS DACH

Hochgebirge sind relativ jung, mit spitzen, hohen Gipfeln, die noch nicht von der Erosion* abgerundet wurden. Das gilt vor allem für die Alpen, das jüngste und höchste Gebirge in Westeuropa, das vor etwa 44 Millionen Jahren entstanden ist.

DER MONT BLANC IST DER HÖCHSTE GIPFEL DER ALPEN
4.810 M

② DIE ETAGEN

AB 600 METERN HÖHE spricht man von einem Gebirge. Es weist beeindruckende Gesteinsmassen mit mehr oder weniger steilen Hängen und mehr oder weniger hohen Gipfeln auf. Alte Gebirge haben durch die Erosion* sanftere Hänge.

EBENEN + PLATEAUS = ¾ DER KONTINENTE

600 M

200 M

DER WETTERHAHN ③

8.850 M

DER MOUNT EVEREST IST VOR ÜBER 60 MILLIONEN JAHREN ENTSTANDEN, als sich die indische Platte unter die eurasische Platte schob. Er stellt den höchsten Gipfel der Himalaya-Gebirgskette dar und wird häufig als „Dach der Welt" bezeichnet.

HIER OBEN KANN DER WIND MIT ÜBER 300KM/H WEHEN!

−36°C im Schnitt
−60°C im Winter

④ DER SCHLOT

VULKANISCHE BOMBE

MAGMA GELANGT INS FREIE UND SORGT FÜR EIN GROSSES LOCH: DEN KRATER.

ASCHE

14
AKTUELLE ZAHL DER GIPFEL ÜBER 8.000 M
Mount Everest, K2, Lhotse, Kangchendzönga, Makalu, …

Sie sind alle Teil des Himalayas zwischen China, Pakistan, Nepal und Indien.

1.670
Die ungefähre Anzahl der aktiven Vulkane auf der Erdoberfläche. Jeder davon ist im Lauf der letzten 10.000 Jahre mindestens ein Mal ausgebrochen.

ZWEITER SCHLOT
LAVASTROM

8 KG MÜLL
Die Menge, die jeder Alpinist, der den Everest besteigen möchte, beim Abstieg mit zurückbringen muss, um seine Kaution zurückzubekommen.

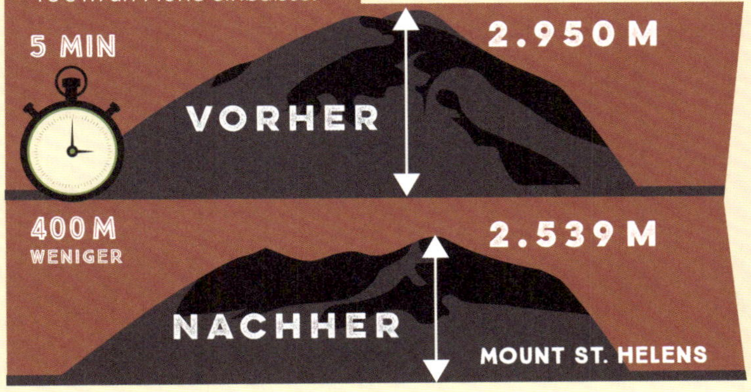

VULKANE GEHÖREN ZU DEN HÖCHSTEN GIPFELN UNSERES PLANETEN.

Diese Maßnahme der nepalesischen Regierung soll dafür sorgen, dass die seit der ersten Besteigung im Jahr 1953 mit Tausenden Tonnen Müll (Sauerstoffflaschen, Seilen etc.) verdreckten Gebirge wieder sauberer werden.

Aktive Vulkane sind lebendige Berge: Sie spucken unterschiedliche Materialien aus (Gestein, Asche, Lava, …) und die Gipfel können während einer Eruption aufplatzen oder einstürzen.

GASREICHES MAGMA DRÜCKT SICH NACH OBEN

Der Mount St. Helens

Am 18. Mai 1980 brach der Vulkan aus und schleuderte fast 1km³ Magma aus. Die Explosion war so gewaltig, dass sie 600 km² des umliegenden Waldes vernichtete, bevor der Vulkan in sich zusammenbrach und in weniger als 5 min über 400 m an Höhe einbüßte.

VULKANSCHLOT

5 MIN
400 M WENIGER

2.950 M VORHER
2.539 M NACHHER
MOUNT ST. HELENS

AUSBRECHENDER VULKAN
MAGMAKAMMER
ERDKRUSTE 0 BIS 30KM
ERDMANTEL

WASSER AUF ALLEN ETAGEN

DAS SÜSSWASSER AUF DER ERDE

ÜBER 81000 KM

TRINKWASSERLEITUNGEN ZUR VERSORGUNG IN ÖSTERREICH

1 VON 3 MENSCHEN WELTWEIT HAT KEINEN ZUGANG ZU TRINKWASSER

LEITUNGSWASSER
①

AUS DEM WELTALL GESEHEN, IST DIE ERDE BLAU. DIE MEERE UND OZEANE MACHEN 71% DER ERDOBERFLÄCHE AUS.

71%

ABER DAS MEISTE WASSER IST NICHT TRINKBAR!

SALZWASSER: 97%

SÜSSWASSER: 3%

¾ des Süßwassers sind gefroren und konzentrieren sich in den Gletschern und Eisbergen des Nord- und Südpols.

0,7%
Das restliche Viertel Süßwasser, das vom Menschen genutzt werden kann, zirkuliert in Flüssen, Seen und im Grundwasser.

0,7%
MENGE AN SÜSSWASSER, DIE VOM MENSCHEN GENUTZT WERDEN KANN.

DIE KANALISATION
②

Der erste Schritt

Das Süßwasser wird aus einem Wasserlauf oder aus dem in der Erdkruste gespeicherten Grundwasser gepumpt und über die Kanalisation in eine Anlage geleitet, in der es aufbereitet wird, um es trinkbar zu machen, bevor es auf alle Haushalte verteilt wird.

DAS TRINKWASSER FÜR UNSERE HAUSHALTE STAMMT AUS UNTERIRDISCHEN WASSERRESERVEN UND AUS DEM SÜSSWASSER AN DER OBERFLÄCHE (AUS FLÜSSEN, SEEN, …)

Der zweite Schritt

Wenn wir das Wasser benutzt haben, fließt es in eine Kläranlage, bevor es wieder der Natur zugeführt wird. In vielen armen Ländern wird das Schmutzwasser allerdings ohne vorherige Reinigung in die Natur abgeleitet.

ERNEUERBARE VORRÄTE

2. Das Wasser fällt zurück auf die Erde und füllt die Gletscher und phreatischen Zonen* wieder auf.

3. Der Dampft kühlt ab und kondensiert zu kleinen Tröpfchen, die Wolken bilden.

1. Die Wärme der Sonne sorgt dafür, dass das Wasser in den Ozeanen, Seen und Flüssen verdampft. Dieser Dampf sammelt sich in der Atmosphäre.

Die Süßwasserreserven sind zwar gering, erneuern sich dafür aber ständig.

WOZU BRAUCHEN WIR SÜSSWASSER?

DIE LANDWIRTSCHAFT VERBRAUCHT 70% DES GENUTZTEN SÜSSWASSERS ZUR BEWÄSSERUNG VON ACKERFLÄCHEN

PRODUKTION — 20% DES SÜSSWASSERS IST FÜR DIE INDUSTRIE BESTIMMT

TRINKEN, KOCHEN, SICH WASCHEN — 10% DES SÜSSWASSERS GEHT DIREKT AN UNS MENSCHEN

PROBLEME BEI DER VERSORGUNG

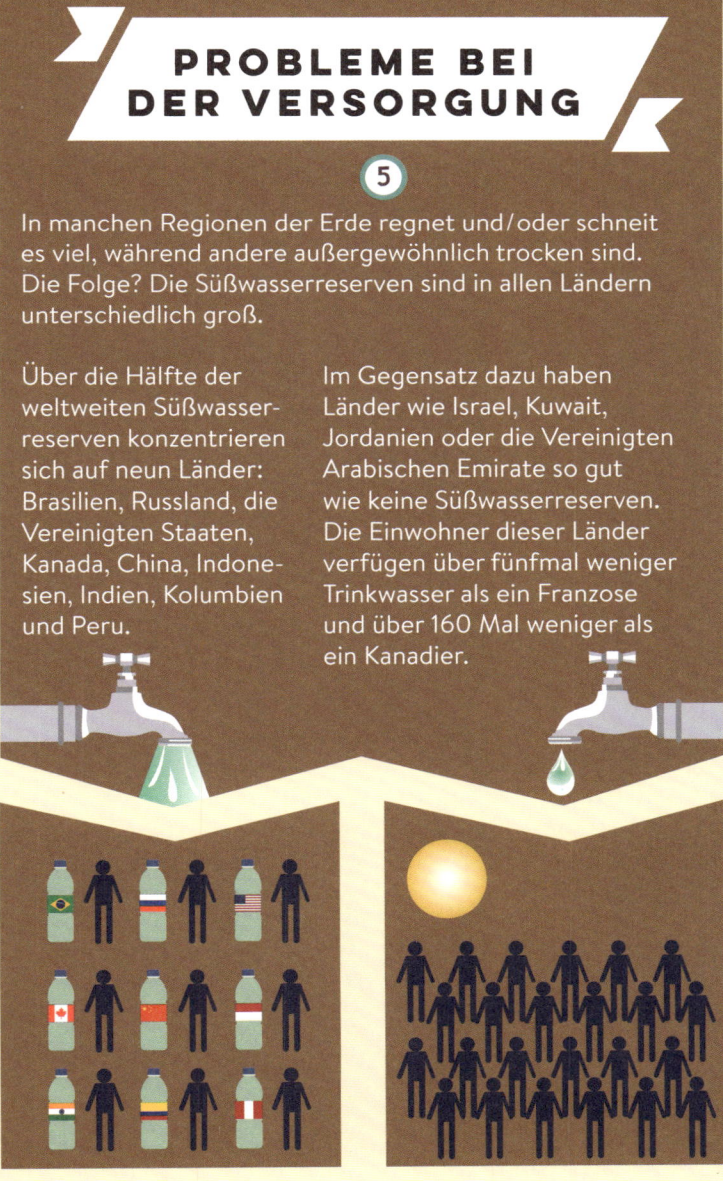

In manchen Regionen der Erde regnet und/oder schneit es viel, während andere außergewöhnlich trocken sind. Die Folge? Die Süßwasserreserven sind in allen Ländern unterschiedlich groß.

Über die Hälfte der weltweiten Süßwasserreserven konzentrieren sich auf neun Länder: Brasilien, Russland, die Vereinigten Staaten, Kanada, China, Indonesien, Indien, Kolumbien und Peru.

Im Gegensatz dazu haben Länder wie Israel, Kuwait, Jordanien oder die Vereinigten Arabischen Emirate so gut wie keine Süßwasserreserven. Die Einwohner dieser Länder verfügen über fünfmal weniger Trinkwasser als ein Franzose und über 160 Mal weniger als ein Kanadier.

15.400 LITER

MINDESTMENGE AN WASSER FÜR DIE PRODUKTION **VON 1 KG RINDFLEISCH**

WASSER SPAREN

Je mehr die Weltbevölkerung wächst, desto dringender wird Wasser benötigt, um alle zu versorgen (mit Essen, Trinken, Wasch- und Ankleidemöglichkeiten usw.). Laut wissenschaftlichen Prognosen könnte sie bis 2050 um 80 % anwachsen, was sehr viel ist, weil die Erde gleichzeitig immer wärmer und trockener wird. Es ist also entscheidend, gegen die Erderwärmung* anzukämpfen und Süßwasser einzusparen – auch zu Hause –, und verbrauchtes Wasser zu klären, damit es wiederverwendet werden kann.

Kann man Trinkwasser herstellen?

Ja. Man kann Meerwasser entsalzen, indem man es abpumpt, Algen und Sand herausfiltert und es in Rohren erhitzt, um die Salze zu eliminieren. Ebenso kann man Salzraketen über den Wolken einsetzen, um den Prozess der Kondensation* anzukurbeln und Regen herbeizuführen. Diese beiden Methoden werden bereits in einigen Ländern verwendet.

21

DAS BADEZIMMER UND DIE TOILETTEN

DIE MEERE UND DIE OZEANE

① DIE RIESENWANNE

Das Gleichgewicht der Ozeane ist für unseren Planeten und für unsere Existenz unverzichtbar. Es ist also sehr wichtig, es zu schützen.

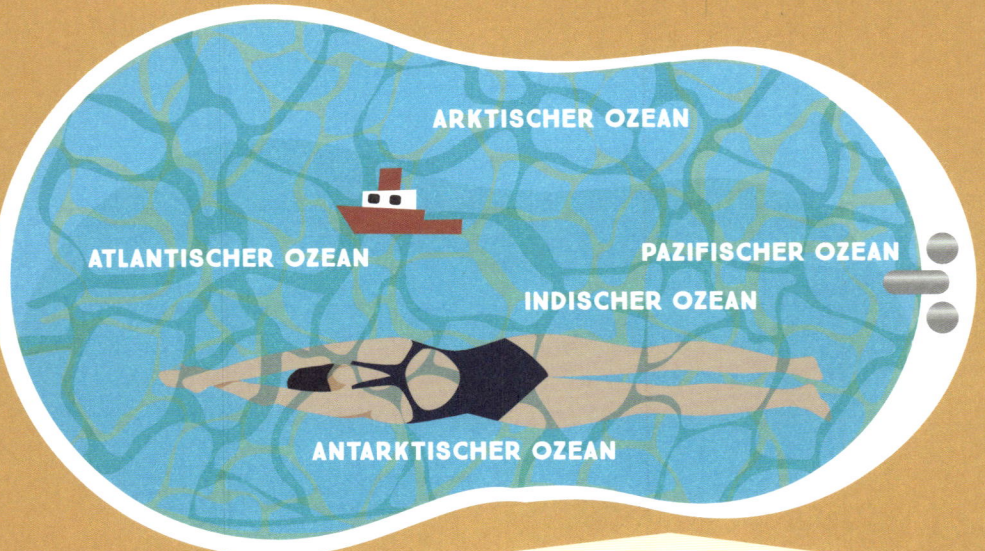

Die fünf Ozeane (Pazifischer, Atlantischer, Arktischer, Antarktischer und Indischer Ozean) und die Meere (Mittelmeer, Schwarzes Meer, Rotes Meer, …), welche die Erdoberfläche bedecken, ergeben zusammen ein Weltmeer.

**DAS WELTMEER =
ÜBER 360 MILLIONEN KM²
KNAPP 1.370 MILLIONEN KM³ WASSER
3.800 M DURCHSCHNITTLICHE TIEFE**

Der tiefste Punkt mit rund 11.000 m befindet sich im Marianengraben im nordwestlichen Pazifik.

Hightech-Optionen

DER LUFTREINIGER:
Die Ozeane nehmen fast 30 % des Kohlenstoffdioxids (CO_2) auf, das der Mensch jährlich produziert und das zu einem großen Teil für die Erderwärmung* verantwortlich ist. Das geschieht zum einen dank mikroskopisch kleiner Algen (Phytoplankton), die das giftige Gas absorbieren und in Sauerstoff (O_2) umwandeln, den wir zum Atmen benötigen, und zum anderen dank ihres kalten Wassers, in dem sich dieses Gas auf natürlichem Weg auflöst.

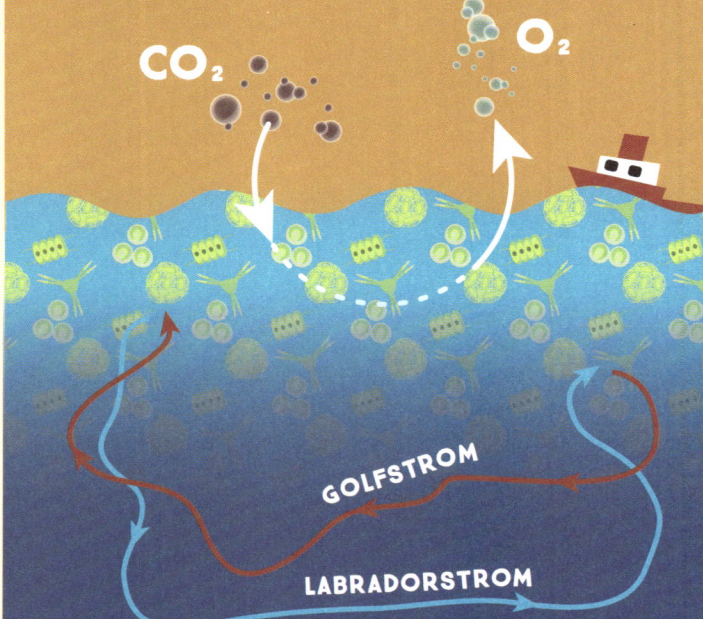

DER WHIRLPOOL:
Meeresströmungen transportieren konstant enorme Wassermassen durch die Ozeane. Sie können kalt (Labradorstrom, Oyashio, …) oder warm (Golfstrom, Kuroshio, …), Dutzende Kilometer breit und Tausende Kilometer lang sein.

DER TEMPERATURREGLER: 
Die Ozeane sind auch die wichtigsten Klimaregler unseres Planeten. Sie absorbieren einen Großteil des warmen Sonnenlichts, transportieren es über die Meeresströmungen weiter und geben es wieder an die Atmosphäre ab.

② AUF DIE BADETEMPERATUR ACHTEN!

Aufgrund der Erderwärmung* steigt die Temperatur in den Meeren und Ozeanen an, was Wissenschaftler und viele Menschen beunruhigt.

Je wärmer das Wasser wird, desto stärker werden die Wirbelstürme und Orkane, die sich auf der Meeresoberfläche bilden. Die Folge? Diese schrecklichen Tropenstürme werden immer kraftvoller und richten immer verheerendere Schäden an.

Die Erwärmung des Wassers führt zusammen mit der Umweltverschmutzung auch zu einer Reduzierung des Sauerstoffgehalts in den Ozeanen, sodass tote Zonen entstehen, in denen Meereslebewesen ersticken, wenn sie nicht fliehen können.

DIE BADEWANNE SCHWAPPT ÜBER
③

1 M MÖGLICHER ANSTIEG DES MEERESSPIEGELS BIS 2100.

Je höher die Temperatur in den Ozeanen steigt, desto höher steigt der Meeresspiegel. Nicht nur, weil warmes Wasser mehr Platz einnimmt als kaltes Wasser, sondern auch weil die Gletscherschmelze das Wasservolumen erhöht. In den letzten 100 Jahren hat sich der Meeresspiegel bereits um fast 20 cm erhöht. Das Problem? Dieser Anstieg könnte dazu führen, dass immer mehr Strände und Küsten verschwinden, Städte überschwemmt und Inseln verschluckt werden, aber auch, dass Meerwasser in die phreatischen Zonen* eindringt und dort das Süßwasser versalzt. Im Zuge dessen gäbe es weniger Trinkwasser und Millionen Menschen müssten ihre Heimat verlassen.

VERSCHMUTZTES BADEWASSER
④

Es ist kein Zufall, dass immer mehr Firmen und Hersteller versuchen, die Produktion von unnötigem Plastik zu reduzieren, um gegen die Verschmutzung der Ozeane vorzugehen: Globale Meeresströmungen haben mehrere Millionen Tonnen Plastikmüll zu gigantischen Müllinseln zusammengetrieben, die in Meereswirbeln vom Pazifik bis zum Nordatlantik entdeckt wurden.

MAN NENNT SIE DEN „7. KONTINENT"

DAS ZIEL FÜR 2050: MEHR FISCHE ALS PLASTIKTEILE IN DEN MEEREN!

Aber wie werden wir diesen Plastikmüll wieder los? Ein Lösungsansatz stammt von einem jungen Erfinder, der schwimmende Barrieren mit Netzen entwarf, um größeren Plastikmüll zusammentreiben und aufsammeln zu können.

DIE PLASTIKMÜLLINSELN IM PAZIFIK SIND 39 MAL SO GROSS WIE DIE SCHWEIZ UND BIS ZU 30 METER TIEF.

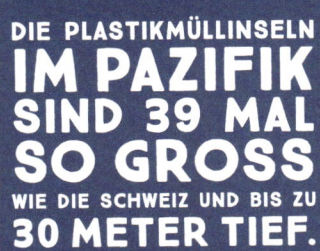

1 MILLION VÖGEL UND 100.000 MEERESSÄUGER WERDEN JEDES JAHR DURCH PLASTIKMÜLL GETÖTET

DIE TOILETTEN
⑤

Jedes Jahr treten, beabsichtigt oder nicht, Tonnen von Erdöl aus Schiffen aus.

80 % der Wasserverschmutzung ist auf die Verschmutzung der Umwelt zurückzuführen: Ein Großteil unserer Abfälle (Industrieabwässer, Pestizide, Dünger, Schmutzwasser, Plastik, ...) gelangt über Regen, Wind, Flüsse und sonstige Zuläufe in die Ozeane und bedroht auf alarmierende Weise deren Gleichgewicht, ihre Biodiversität* und die Fischerei.

23

DIE HEIZUNG UND DIE BELEUCHTUNG

DIE SONNE UND DAS KLIMA

DER DURCHMESSER DER SONNE IST 100 MAL GRÖßER ALS DIE ERDE

SONNENKOLLEKTOREN

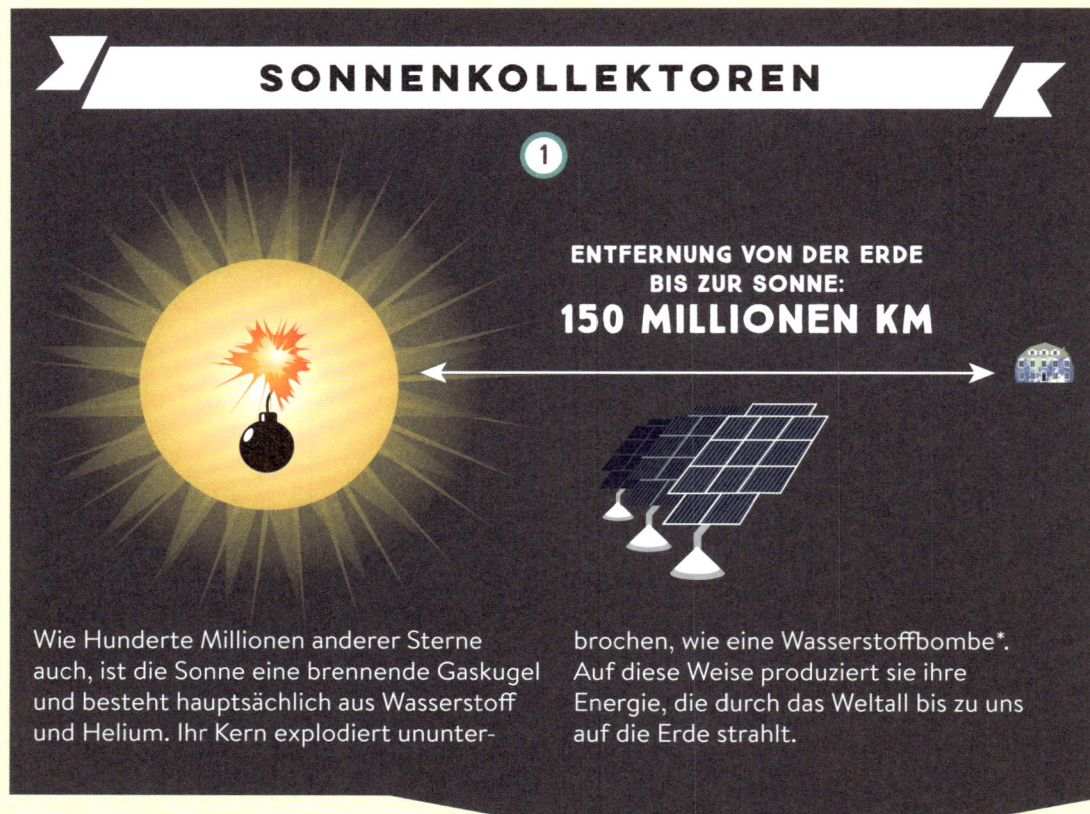

ENTFERNUNG VON DER ERDE BIS ZUR SONNE: 150 MILLIONEN KM

Wie Hunderte Millionen anderer Sterne auch, ist die Sonne eine brennende Gaskugel und besteht hauptsächlich aus Wasserstoff und Helium. Ihr Kern explodiert ununterbrochen, wie eine Wasserstoffbombe*. Auf diese Weise produziert sie ihre Energie, die durch das Weltall bis zu uns auf die Erde strahlt.

DAS THERMOSTAT

Bedienungsanleitung

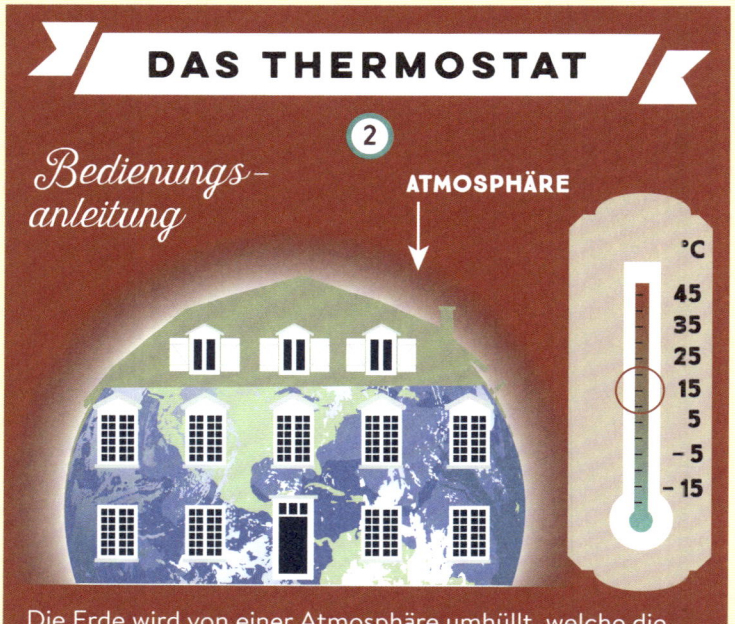

ATMOSPHÄRE

Die Erde wird von einer Atmosphäre umhüllt, welche die Wärme der Sonne speichert. Das nennt sich „Treibhauseffekt"*. Dank ihm beträgt die Durchschnittstemperatur auf unserem Planeten 15 °C. Ohne die Atmosphäre würde sie auf circa –18 °C fallen und die Erde wäre von Eis bedeckt.

IM JAHR 2018, EINEM DER WÄRMSTEN SEIT 1880, LAG DIE TEMPERATUR 1,1 °C HÖHER als in einem durchschnittlichen Jahr. Das klingt nach wenig, reicht aber, um das Klima durcheinanderzubringen.

15 MILLIONEN GRAD: TEMPERATUR IM ZENTRUM DER SONNE

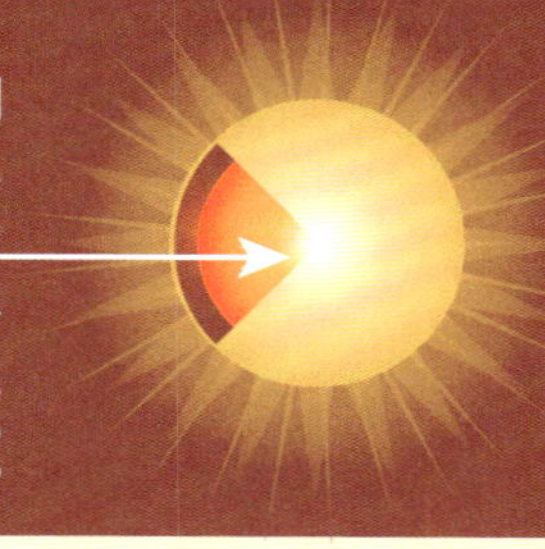

AN DER OBERFLÄCHE HERRSCHEN „NUR" 5.500 °C!

Die Lösungen

Laut wissenschaftlichen Prognosen könnte sich die Temperatur auf der Erde bis 2100 um 2 bis 5 °C erhöhen, was katastrophale Auswirkungen haben würde. Daher haben sich die meisten Länder dazu verpflichtet, den Verkehr zu reduzieren, zu recyceln und weniger Müll zu verbrennen und saubere Energien (Sonnen-, Windenergie etc.) zu entwickeln, um weniger fossile Energien* (Erdöl, Kohle) zu verbrauchen. Zum Glück mangelt es nicht an Lösungen.

Die Auswirkungen

Die Erde gibt Gase ab, die einen natürlichen Treibhauseffekt* haben (Wasserdampf, Methan, Kohlenstoffdioxid, …) und die Durchschnittstemperatur halten. Menschliche Aktivitäten verursachen jedoch auch viele Treibhausgase* (Verbrennung fossiler Energien*, Verkehr, Industrie, Tierzucht, …), und wenn sich die Gaskonzentration in der Atmosphäre erhöht, steigt die Temperatur auf der Erde. Mögliche Folgen dieser Erderwärmung* sind unter anderem Trockenheit, Hungersnöte, Waldbrände, Gletscherschmelzen, ein Anstieg der Meeresspiegel, Überschwemmungen, Orkane, Wirbelstürme, Artensterben und Wasserknappheit.

+2 BIS 5 °C
2019 → 2100

HEIZUNGSPANNEN

③ Laut wissenschaftlicher Theorien soll sich die Erde mindestens dreimal in eine Eiskugel verwandelt haben:

VOR CIRCA 2,4 MILLIARDEN JAHREN: Huronische Eiszeit

VOR 720 BIS 660 MILLIONEN JAHREN: Sturtische Eiszeit

VOR CIRCA 640 MILLIONEN JAHREN: Marinoische Eiszeit

Diese „Heizungspannen" sind auf die Entwicklung winziger Bakterien zurückzuführen, die am Verschwinden der Treibhausgase* und der Atmosphäre beteiligt waren.

④ BELEUCHTUNG

108.000 KM/H: DURCHSCHNITTSGESCHWINDIGKEIT, MIT DER SICH DIE ERDE UM DIE SONNE DREHT

Diese sogenannte „Revolution*" bestimmt die Jahreszeiten, die Klimazonen und die Länge von Tag und Nacht.

365 TAGE: ZEIT, DIE DIE ERDE BRAUCHT, UM DIE SONNE ZU UMKREISEN

CIRCA EINE MILLIARDE KM: STRECKE, DIE DIE ERDE ZURÜCKLEGT, UM DIE SONNE ZU UMKREISEN

⑤ LICHT VON VARIABLER DAUER

6 Monate

Von März bis September bleibt es am Nordpol immer hell. Dasselbe gilt von September bis März für den Südpol.

DAS NENNT SICH „POLARTAG": DIE SONNE GEHT NIE UNTER!

Zwischen 9 und 16 Stunden

In den Ländern auf der Nordhalbkugel (Deutschland, den Vereinigten Staaten, Japan, ...) hängt die Länge eines Tages von der Jahreszeit ab. Im Sommer werden die Tage länger, sodass es zur Sommersonnenwende am 21. Juni bis zu 16 Stunden lang hell ist, und werden danach wieder kürzer, bis es zur Wintersonnenwende am 21. Dezember nur noch 9 Stunden hell ist.

⑥ DER RAUCHMELDER

Industrie, Verkehr und Haushalte stoßen Gase, Schwermetalle und Staub aus. Diese Substanzen befinden sich in der Luft, die wir einatmen, und gefährden unsere Gesundheit. Die Folge? Weltweit stirbt einer von zehn Menschen an einer Atemwegserkrankung (Lungenkrebs, Asthma etc.).

12 Stunden

Der Äquator ist eine gedachte Linie, die von beiden Polen gleich weit entfernt ist. Auf dieser Linie liegen circa ein Dutzend Länder – wie Gabun, Indonesien und Ecuador –, in denen die Tage und Nächte gleich lang sind und es das ganze Jahr über und zu jeder Jahreszeit 12 Stunden lang hell ist.

DIE WOHNRÄUME
DIE KONTINENTE

ETWAS WENIGER ALS 150 MILLIONEN KM²
GESAMTE OBERFLÄCHE ALLER HEUTIGEN KONTINENTE

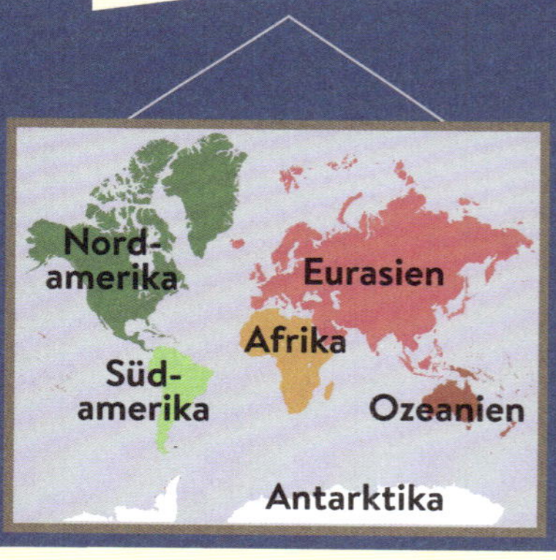

ZURÜCK ZUM LOFT?

②

Die aktuellen Kontinente bewegen sich mit einer Geschwindigkeit von 1 bis 7 cm pro Jahr. Bleibt es dabei, könnte sich in über 250 Millionen Jahren ein neuer Superkontinent bilden. Aber nicht alle Wissenschaftler sehen dasselbe Szenario voraus.

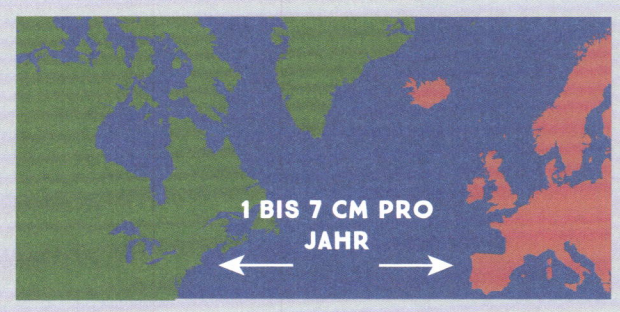
1 BIS 7 CM PRO JAHR

① EIN EVOLUTIONÄRES HAUS

Alles auf der Erde verändert sich, auch die Form und Anzahl der Kontinente. Aufgrund der Plattentektonik verschiebt und verändert sich die Landmasse ständig.

Das antike Loft
Vor über 250 Millionen Jahren existierte nur ein Kontinent: Pangaea, der von einem einzigen Ozean umgeben war.

PANGAEA — Panthalassa (Ozean)

Die 2-Zimmer-Wohnung
Pangaea teilte sich mit der Zeit in zwei Blöcke und wurde von einem neu entstehenden Ozean getrennt, dem Tethysmeer.

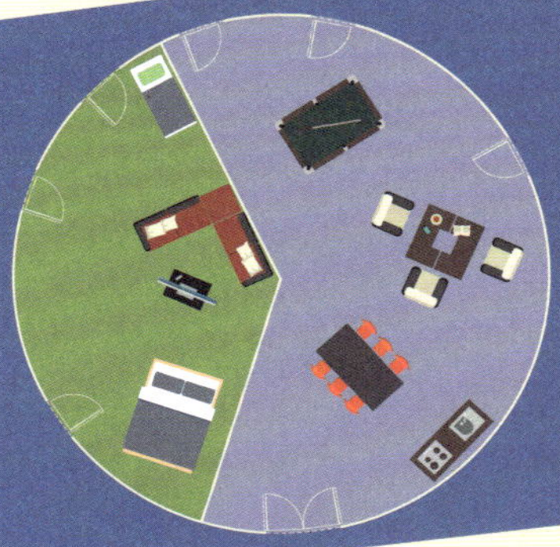

LAURASIA — Tethysmeer — GONDWANA — Panthalassa (Ozean)

Das heutige Haus 
Dann teilten sich diese beiden Kontinente noch weiter.

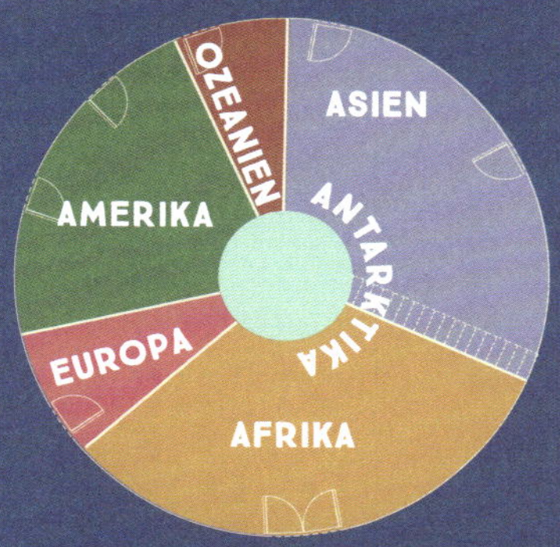

SECHS ODER SIEBEN RÄUME?
Heute sprechen die meisten Europäer von sieben Kontinenten: Nordamerika, Südamerika, Europa, Afrika, Asien, Australien/Ozeanien und Antarktika. In der Welt der Wissenschaft, die Europa und Asien als einen Kontinent (Eurasien) betrachtet, und für viele andere, die Nord- und Südamerika einfach als Amerika bezeichnen, gibt es jedoch nur 6.

SZENARIO 1
Eurasien und Nordamerika fusionieren und ergeben Amasien.

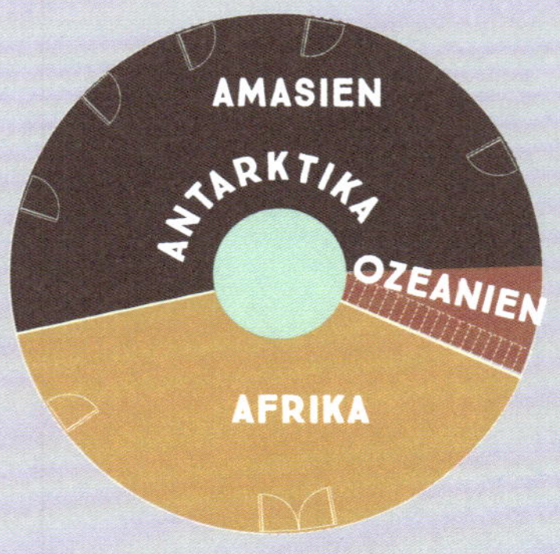

(AMASIEN, ANTARKTIKA, OZEANIEN, AFRIKA)

SZENARIO 2
Afrika, Eurasien und Amerika treffen aufeinander und ergeben Pangaea Ultima.

(ANTARKTIKA, PANGAEA ULTIMA)

SZENARIO 3
Australien, Ostasien und Antarktika bewegen sich auf die übrigen Kontinente zu und ergeben Neu-Pangaea.

(NEU-PANGAEA)

26

UNGLEICH GROßE ZIMMER

③

SPIELZIMMER, TV-ZIMMER UND BÜROECKE
8,5 MILLIONEN KM²
ÜBER 40 MILLIONEN EINWOHNER
16 LÄNDER

Ozeanien ist nach Antarktika der am wenigsten bevölkerte Kontinent und der einzige, der nur aus Inseln besteht: Australien, Neuseeland, Neuguinea und über 10.000 weitere Inseln im Pazifischen Ozean.

DAS GROßE SCHLAFZIMMER
42 MILLIONEN KM²
1 MILLIARDE EINWOHNER
35 LÄNDER

Nord- und Südamerika sind durch eine schmale Landbrücke zwischen der Karibik und dem Pazifischen Ozean verbunden, dem Isthmus von Panama.

EIN RIESIGES ESSZIMMER
44 MILLIONEN KM²
4 MILLIARDEN EINWOHNER
47 LÄNDER

Knapp 60 % der Weltbevölkerung lebt in Asien, die Hälfte davon in China und Indien.

DER GRÖßTE UND AM STÄRKSTEN BEVÖLKERTE KONTINENT

EIN GROßES WOHNZIMMER
30,4 MILLIONEN KM²
ÜBER 1,2 MILLIARDEN EINWOHNER
54 LÄNDER

In den letzten 50 Jahren hat sich die Bevölkerung hier verdoppelt.

DER ZWEIT-BEVÖLKERTSTE KONTINENT

DAS KLEINE SCHLAFZIMMER
10,5 MILLIONEN KM²
750 MILLIONEN EINWOHNER
45 LÄNDER

In Europa werden an die 287 Sprachen gesprochen. Das ist aber nichts im Vergleich zu den über 7.000 Sprachen, die weltweit gesprochen werden.

---

④ **DIE EISKAMMER**

12,5 MILLIONEN KM²
WENIGER ALS 1.800 EINWOHNER ÜBERS JAHR

22 × DE =

DER „WEIßE KONTINENT" IST ZU 98 % MIT EIS BEDECKT.

Antarktika ist der kälteste und windigste Kontinent, mit Windgeschwindigkeiten von bis zu 320 km/h. Die Folge? Der Mensch hat sich auf diesem unberührten, schneebedeckten Kontinent nie auf Dauer niedergelassen. Zu seinen Bewohnern zählen fast nur Wissenschaftler, die sich lediglich für die Dauer ihrer Missionen in einer der 50 Forschungsstationen aufhalten.

7,7 MILLIONEN KM²
32 × DE
=
AUSTRALIEN IST EIN KONTINENT, EINE INSEL UND EINS DER GRÖßTEN LÄNDER DER WELT.

DIE KÜCHE

DIE NAHRUNGSRESSOURCEN

815 MILLIONEN MENSCHEN AUF DER WELT LEIDEN HUNGER. | **HAUPTSÄCHLICH WEGEN KRIEGEN, ÜBERSCHWEMMUNGEN ODER TROCKENHEIT.**

DIE VORRATSKAMMER
②

Schokolade wird aus Kakaobohnen hergestellt, Zucker aus Zuckerrohr oder Zuckerrüben, Mehl aus Weizen oder Kastanien. Fast alles, was wir essen, kommt aus der Erde.

90 % UNSERER NAHRUNG STAMMT VON NUR 8 TIERARTEN (RIND, HUHN, SCHWEIN, SCHAF, ...) UND **15 PFLANZENARTEN** (MAIS, WEIZEN, REIS, ...), ZU DENEN JEWEILS VIELE RASSEN UND UNTERARTEN GEHÖREN.

DER KÜHLSCHRANK
①

Die Urmenschen jagten, angelten und sammelten Früchte und wildes Gemüse, um sich zu ernähren. Die Landwirtschaft und die Tierzucht entwickelte sich erst circa 10.000 Jahre später.

Fisch

Die Hälfte der Fische, die weltweit gegessen werden, stammt aus Zuchten, die andere aus Wildfang. Aber aufgrund der Trawler – große Fischdampfer mit riesigen Schleppnetzen, die tief durch das Wasser gezogen werden – gibt es immer weniger Fische in den Meeren.

Diese Form der intensiven Fischerei wird sehr kritisiert, weil sie dazu führt, dass viele Arten vom Aussterben bedroht sind (Meeresschildkröten, Haie, ...), aber auch, weil jedes Jahr fast 10 Millionen Tonnen toter Fische, die zu klein oder unverkäuflich sind, zurück ins Meer geworfen werden.

Fleisch und Eier

Abgesehen von der Jagd, stammt das Fleisch, das wir essen, stammt großteils von Tieren (Rinder, Schweine, Schafe, ...), die in großer Zahl und unter schlechten Bedingungen gezüchtet werden. Über 80 % dieser Tiere ist Geflügel (Hühner, Enten, ...).

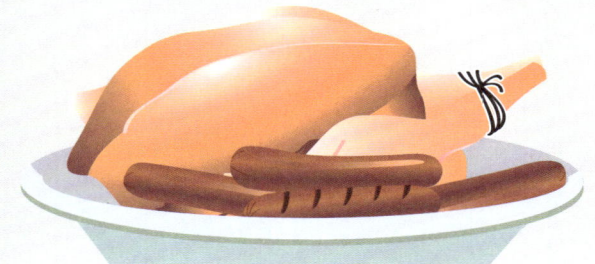

JEDES JAHR WERDEN WELTWEIT ÜBER 2.000 MILLIARDEN EIER KONSUMIERT.

Milchprodukte

Rinder, Schafe und Ziegen werden aber auch wegen ihrer Milch gezüchtet, aus der wir Käse, Joghurt oder Butter herstellen.

Obst und Gemüse

Wir konsumieren etwa 100 Obst- und Gemüsesorten, die überall auf der Welt angebaut werden. Das ist wenig. In den letzten 100 Jahren sind über 75 % der Apfel-, Tomaten-, Melonensorten etc. verschwunden, da Landwirte lieber ertragreiche Sorten anbauen, was jedoch die Böden auslaugt und die Pflanzen anfälliger macht.

GEFAHR DURCH GVO*?

Mais gilt als eines der wichtigsten Futtermittel in der Tierzucht und gehört, neben Raps und Soja, zu den verbreitetsten GVO* (gentechnisch veränderten Organismen).

Die drei am häufigsten angebauten Pflanzen sind Zuckerrohr, Mais und Weizen.

Viele Wissenschaftler fürchten, dass modifizierte Pflanzen, die immer resistenter gegen Schädlinge werden, verheerende Auswirkungen auf unsere Gesundheit und Umwelt haben könnten. Bislang konnten Risiken dieser Art jedoch nicht nachgewiesen werden.

DIE DUNSTABZUGSHAUBE ANSCHALTEN

Menschliche Aktivitäten haben die Luft stark verschmutzt, was Auswirkungen auf die Natur und unsere Gesundheit hat. Die Hauptfaktoren für diese Verschmutzung? Das Verbrennen fossiler Energieträger*, die Industrie und der Verkehr.

Aber auch Pestizide (Herbizide, Fungizide und Insektizide), die hergestellt werden, um Pflanzen zu schützen, geben giftige Substanzen an die Umwelt ab.

Was überrascht: Auch die Tierzucht belastet die Umwelt. Die Tonnen an Misthaufen, Futter, Wasserverbrauch, das millionenfache Rülpsen und Pupsen der Rinder und Schafe und der Tiertransport ... all das trägt zur globalen Erwärmung bei!

SCHLUSS MIT DEM MÜLL!

Um gegen die Verschwendung vorzugehen, sammeln Organisationen abgelaufene Lebensmittel in Supermärkten und Obst und Gemüse bei Landwirten ein, das nicht ganz so schön aussieht. Restaurants bieten ihren Kunden an, ihre Essensüberbleibsel mit nach Hause zu nehmen – schließlich gibt es viele leckere Möglichkeiten, Reste zu verwerten.

DIE KÜCHE SAUBER HALTEN

Überall auf der Welt suchen Landwirte, Erzeuger und Konsumenten nach Lösungen, um die Weltbevölkerung zu ernähren, ohne die Umwelt zu belasten.

Sollte man Insekten als Fleischersatz essen, sich vegetarisch ernähren oder nur noch Bio-Lebensmittel kaufen, die ohne Chemie auskommen?

JEDE SEKUNDE WERDEN **WELTWEIT 41,2 TONNEN LEBENSMITTEL WEGGEWORFEN**

DIE ABSTELL-KAMMER

MÜLL UND HAUSAPOTHEKE

JEDES JAHR LANDEN 20 MILLIARDEN TONNEN MÜLL IN DEN OZEANEN, VON DENEN 80 % VOM LAND STAMMEN.

Radioaktive Abfälle

Kernkraftwerke an sich setzen bei der Stromproduktion zwar kaum Treibhausgase* frei, aber dafür generieren ihre Reaktoren radioaktive Abfälle, von denen einige über Millionen Jahre extrem gesundheits- und umweltschädigend sein können. Da es unmöglich ist, sie zu recyceln oder zu entsorgen, werden sie in speziellen Lastwägen abtransportiert und dann in Containern 200 Meter unter der Erde gelagert.

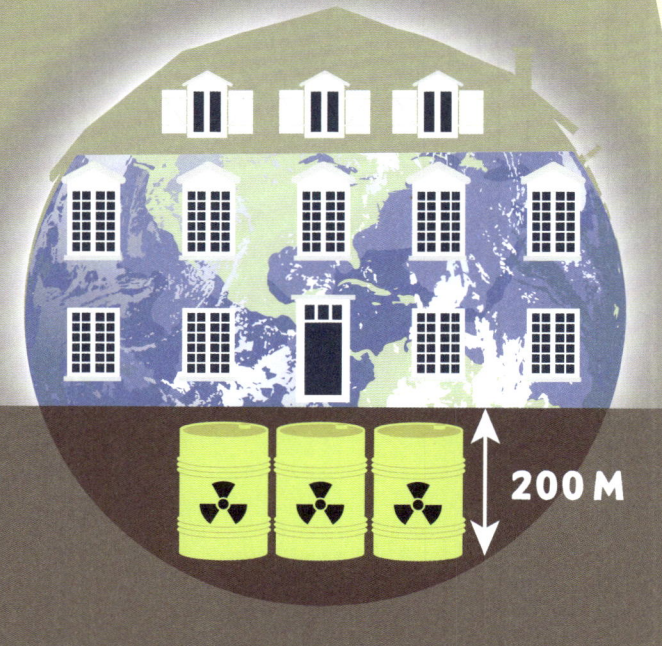

ABER NIEMAND WEISS, OB DIESE CONTAINER STABIL GENUG SIND, UM DIE ZEIT ZU ÜBERDAUERN…

DER MÜLLEIMER
(1)

Jeden Tag werden weltweit über 10 Milliarden Kilo Müll produziert.

Recycelbare Abfälle

Damit unser Planet sich nicht in eine riesige Müllhalde verwandelt, werden bestimmte Abfälle (Glas- und Plastikflaschen, Kartonagen, Dosen, …) in Sortierzentren gesammelt. Von dort gelangen sie in Müllfabriken, wo sie zu neuen Produkten verarbeitet werden, wie Recyclingpapier, Einkaufswagen oder Fahrräder.

DAMIT DIESES SYSTEM FUNKTIONIERT, MÜSSEN DIE ABFÄLLE ZUERST ZU HAUSE GETRENNT UND IN DIE JEWEILIGEN MÜLLEIMER GEWORFEN WERDEN.

Gefährliche Abfälle

Lacke, Batterien, Klebstoffe oder Farben beinhalten Substanzen, die unserer Gesundheit und der Umwelt schaden. Wenn sie nicht recycelt werden können, werden sie verbrannt oder an sicheren Orten zwischengelagert, bevor sie vernichtet werden.

SOLCHE ABFÄLLE MÜSSEN ÜBER SAMMELSTELLEN ENTSORGT WERDEN.

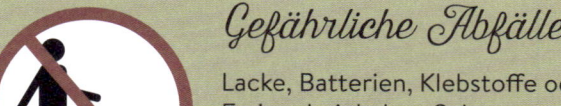

DER KOMPOST
(2)

Ein Großteil dessen, was in unseren Mülleimern landet, kann mittels Bakterien, Mikropilzen und Würmern in Kompost umgewandelt werden – eine extrem nährstoffreiche Erde, die als natürlicher Dünger für Gartenpflanzen verwendet werden kann.

KLEINERE MÜLLEIMER!

③

JA, WENIGER MÜLL IST MÖGLICH!

Sachen können repariert statt weggeworfen werden.

Gebrauchte Kleidung oder gebrauchtes Spielzeug ist nicht nur günstiger, sondern verhilft den Sachen auch zu einem zweiten Leben.

In den Geschäften sollten außerdem mehr unverpackte Lebensmittel angeboten werden, damit weniger Plastikmüll entsteht.

720 MILLIONEN
HANDYS WERDEN JEDES JAHR WELTWEIT WEGGEWORFEN

ZUM SELBER ABFÜLLEN

④ DIE HAUSAPOTHEKE

Medikamente aus Pflanzen

Viele Medikamente – wie das Schmerzmittel Morphium, das aus Mohn gewonnen wird, Krebstherapien, die auf dem Wirkstoff eines chinesischen Baums aufbauen, oder Aspirin, das aus der Rinde der Silberweide hergestellt wird – sind pflanzlichen Ursprungs. Es gibt noch viel zu entdecken!

BISHER WURDEN NUR 2 % DER AKTIVEN PFLANZENMOLEKÜLE AUF IHRE MEDIZINISCHEN EIGENSCHAFTEN UNTERSUCHT.

Medikamente aus Tieren

Seit einigen Jahren interessiert sich die Wissenschaft verstärkt für das Gift von Tieren. So wurden zum Beispiel bereits Mittel gegen Schmerzen, erhöhten Blutdruck, Diabetes oder Krebs aus dem Gift von Igelfischen, Grubenottern und Gila-Krustenechsen gewonnen. Auch hier gibt es noch viel zu entdecken!

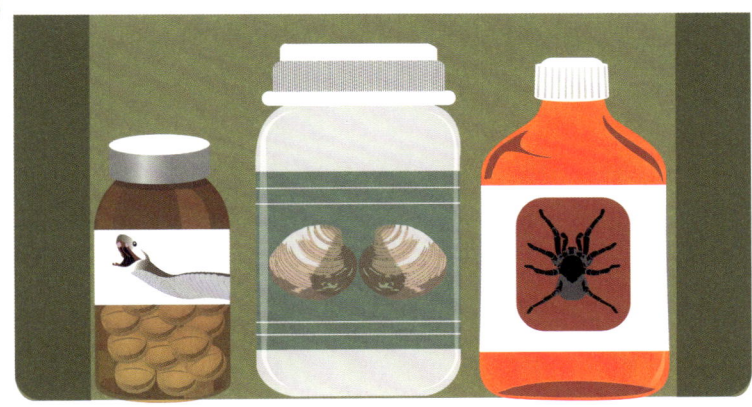

Medikamente aus Pilzen

Viele Antibiotika* basieren auf mikroskopisch kleinen Pilzen, die auf natürliche Weise Bakterien angreifen.

DAS ERSTE ANTIBIOTIKUM*, PENICILLIN, WURDE 1928 ENTDECKT.

80 % DER WELTBEVÖLKERUNG BEHANDELN SICH MIT **TRADITIONELLEN HEILMITTELN,** DIE AUS WILDEN TIEREN GEWONNEN WERDEN

31

DAS ANKLEIDEZIMMER

DIE TEXTILINDUSTRIE

Erdöl

DER KLEIDERSCHRANK

Fleece, Kunstleder, Tergal, Nylon, Polyester ... alle diese umweltbelastenden Stoffe, aus denen unsere Kleidung produziert wird, bestehen aus synthetischen Fasern, die aus Erdöl aus der Erdkruste hergestellt werden.

8.323 KG POLYESTER WERDEN JEDE SEKUNDE WELTWEIT PRODUZIERT

NACHTEILE
Luft- und Wasserverschmutzung durch Herstellung, Behandlung, Waschdurchgänge etc.

Baumwolle

Kleidung wird meistens aus Baumwolle hergestellt, obwohl die Pflanze viel Wasser benötigt, um zu gedeihen. Baumwolle ist eigentlich eine Faser, die an den Samenkörnern haftet: Die Baumwolle wird gepflückt, von den Samen getrennt, eingefärbt und gesponnen.

Schafe, Ziegen & Co.

Überall auf der Welt werden Tiere (Schafe, Ziegen, Alpakas, ...) wegen ihres wertvollen Fells gezüchtet. Um an ihre Wolle zu kommen, die immer wieder nachwächst, werden sie regelmäßig geschoren. Nachdem die Wolle gewaschen, getrocknet, aufgelockert und gekämmt wurde, kann sie zu Garn gesponnen werden, aus dem Pullover, Schals oder Mäntel hergestellt werden.

1 SCHAF = 4 KG WOLLE PRO JAHR

820 KG BAUMWOLLE WERDEN JEDE SEKUNDE WELTWEIT PRODUZIERT

NACHTEILE
Pestizide und Herbizide (Plantagen), Verschmutzung des Wassers, der Luft und des Bodens (Färben).

Seidenraupen

Keine Seidenkleidung ohne Seidenraupe! Tatsächlich ist Seide das Material, aus dem sich der Maulbeerspinner seinen Kokon baut. Und deswegen werden Seidenraupen überall auf der Welt gezüchtet – genau wie Maulbeerbäume, von deren Blättern sich die überaus gefräßigen Raupen ernähren.

NACHTEILE
Wasserverschmutzung durch Behandlung, Färben etc. und Tierquälerei

67 KG WOLLE WERDEN JEDE SEKUNDE WELTWEIT PRODUZIERT

1 T-SHIRT = 1,3 KG ENTKÖRNTE UND GESÄUBERTE BAUMWOLLE

6,4 KG SEIDE WERDEN JEDE SEKUNDE WELTWEIT PRODUZIERT.

NACHTEILE
Pestizide und Dünger (Plantagen), Wasserverschmutzung (Färben), Tierquälerei.

② DER SCHUHSCHRANK

Ohne Tiere kein Leder! Schuhe, Handtaschen oder Gürtel werden aus der Haut von Zuchtrindern, -kälbern oder -lämmern gefertigt. Das Chrom, das verwendet wird, um die Häute zu weichem, haltbaren und wasserdichten Leder zu verarbeiten, ist sowohl umwelt- als auch gesundheitsschädigend.

③ ÜBERQUELLENDE REGALE

Viele billige Kleidungsstücke werden in Fabriken von Kindern oder schlecht bezahlten Arbeitern hergestellt. Die Folgen? Es wird tonnenweise Kleidung gekauft, weggeworfen und durch neue ersetzt, obwohl sie noch getragen werden könnte. Diese Verschwendung stellt einen bedeutenden Faktor bei der Verschmutzung der Umwelt dar.

JEDES JAHR WERDEN WELTWEIT ÜBER 80 MILLIARDEN NEUE KLEIDUNGSSTÜCKE VERKAUFT

35× TRAGEN DURCHSCHNITTLICHE LEBENSDAUER VON NEUER **KLEIDUNG**

④ DER IDEALE KLEIDERSCHRANK

Bio

Idealerweise sollten alle Pflanzen ohne Chemie (Pestizide und Dünger) auskommen, damit die Erde, die Flüsse und die phreatische Zone* nicht belastet werden. Aktuell wird Baumwolle schon biologisch angebaut und Wildseide gewonnen, damit keine Raupen leiden müssen.

BIOBAUMWOLLE — WILDSEIDE

Öko

Hanf, Eukalyptus, Flachs oder Bambus wachsen sehr gut ohne Pestizide und kommen mit wenig Wasser aus. Viele Bekleidungshersteller greifen daher mittlerweile auf diese Pflanzen statt auf Baumwolle oder synthetische Fasern aus Erdöl zurück, um die Umwelt zu schonen.

HANF — BAMBUS — EUKALYPTUS — FLACHS

Vintage

Statt seine Kleidung in den Müll zu werfen, kann man sie auch recyceln. Der Vorteil? In Secondhandläden einzukaufen spart Geld und reduziert die Verschmutzung der Umwelt durch die Textilindustrie.

SECONDHAND

Ethik

Schafe, Ziegen, Rinder, Seidenraupen … alle Tiere verdienen Respekt und gute Zuchtbedingungen. Veganerinnen und Veganer* gehen sogar noch weiter und weigern sich, Kleidung tierischen Ursprungs zu tragen. Für sie hat sich die Textilindustrie pflanzliche Alternativen ausgedacht: „Leder", das aus dem Saft von Kautschukbäumen oder den Fasern von Ananasblättern hergestellt wird.

DER WINTERGARTEN

DIE LEBENSRÄUME UND DIE VEGETATION

DIE BELEUCHTUNG UND DIE BEWÄSSERUNG

①

Pflanzen brauchen Erde, Wasser und Licht, um zu gedeihen. In Sachen Klima und Bodenbeschaffenheit gibt es jedoch überall auf der Welt erhebliche Unterschiede.

In der Nähe der Pole ist es so kalt, dass der Boden das ganze Jahr hindurch gefroren ist. Hier wachsen nur einige Sträucher, Moose und Flechten.

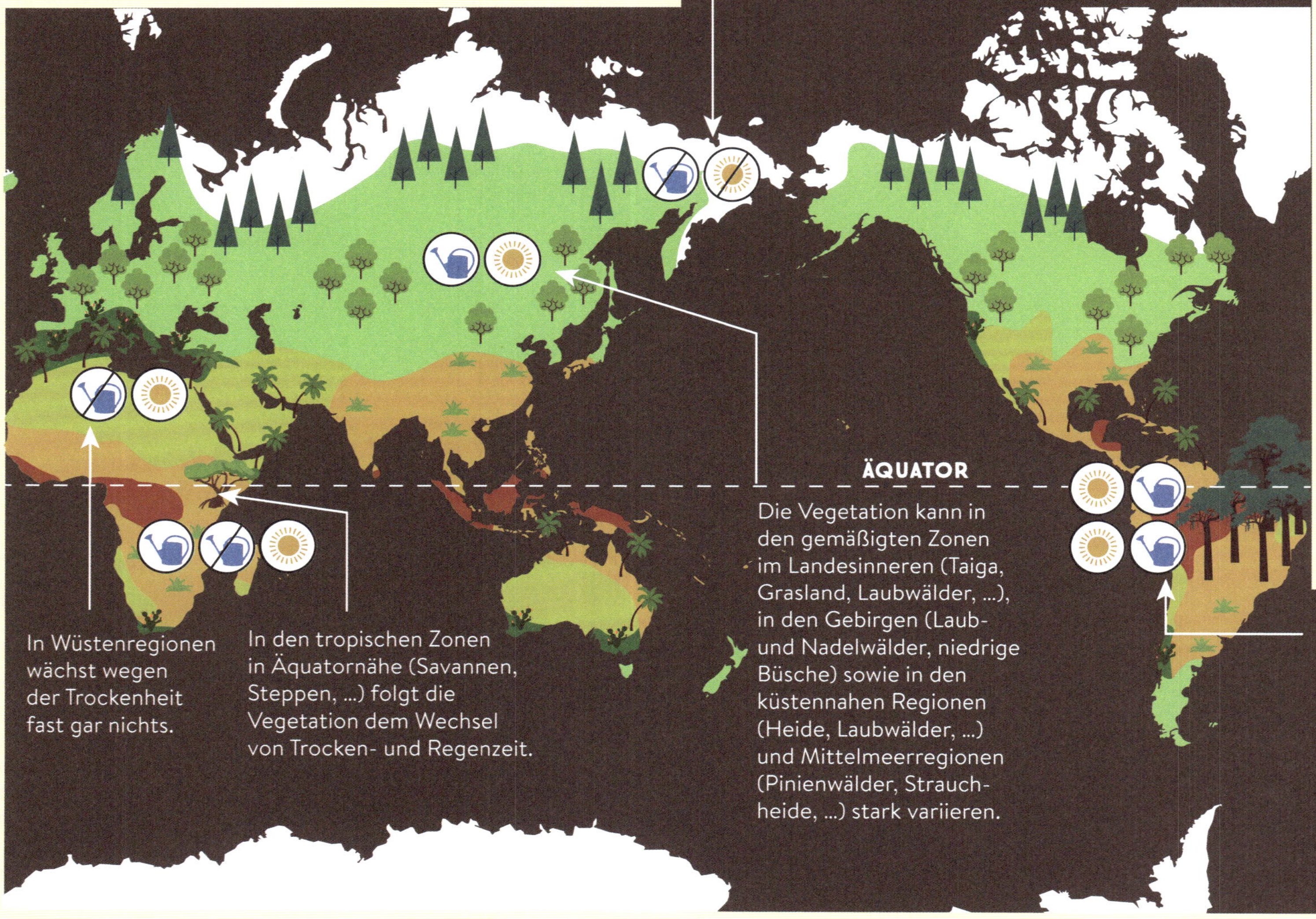

ÄQUATOR

Die Vegetation kann in den gemäßigten Zonen im Landesinneren (Taiga, Grasland, Laubwälder, ...), in den Gebirgen (Laub- und Nadelwälder, niedrige Büsche) sowie in den küstennahen Regionen (Heide, Laubwälder, ...) und Mittelmeerregionen (Pinienwälder, Strauchheide, ...) stark variieren.

In Wüstenregionen wächst wegen der Trockenheit fast gar nichts.

In den tropischen Zonen in Äquatornähe (Savannen, Steppen, ...) folgt die Vegetation dem Wechsel von Trocken- und Regenzeit.

In Äquatornähe ist es das ganze Jahr über heiß und regnerisch. Hier ist die Vegetation am vielfältigsten und artenreichsten und die Wälder dicht und grün.

31.000 PFLANZENARTEN WERDEN VOM MENSCHEN ZUR HEILUNG, ZUR ERNÄHRUNG UND ZUR HERSTELLUNG VON KRAFT- UND WERKSTOFFEN GENUTZT

DIE BÄUME UND PFLANZEN

Die Bäume

②

Mehrere Teams von Botanikern haben durchgezählt, wie viele Baumarten es auf der Erde gibt, also wie viele Pflanzen mit über 2 Meter hohen Stämmen. Alles darunter gilt als Strauch. Das Ergebnis? Es existieren mindestens 65.065 Arten von Bäumen – und über die Hälfte davon sind in Brasilien heimisch.

Auf der Erde spielt die Vegetation eine sehr wichtige Rolle. Sie nährt die Böden und ernährt Millionen Tiere, deren Überleben von ihr abhängt. Da sie außerdem Kohlenstoffdioxid (CO_2) aus der Atmosphäre absorbiert, ermöglicht sie uns zu atmen.

Die Pflanzen

Obwohl fast alle Wissenschaftler Bäume auch als Pflanzen betrachten, bezieht sich diese Kategorie allgemein auf niedrige Pflanzen, deren Stamm nicht verholzt. Es gibt über 390.000 Arten, ganz zu schweigen von allen noch unentdeckten.

SELTENE PFLANZEN

Jedes Mal, wenn 1 Tonne Vegetation (Bäume, Pflanzen, Blumen, ...) wächst, nimmt sich der Mensch 250 kg davon weg, um sich zu ernähren, sich zu kleiden, zu heizen, zu bauen, sich einzurichten usw.

EINE VON FÜNF PFLANZEN IST HEUTE VOM AUSSTERBEN BEDROHT.

Aus diesem Grund könnten in den nächsten Jahren zahlreiche Pflanzenarten vom Aussterben bedroht sein – zum Beispiel Wildorchideen, die immer seltener in der Natur vorkommen.

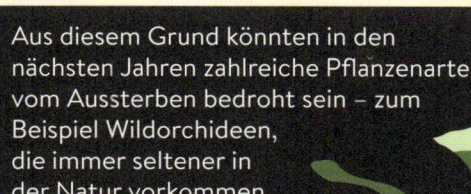

DER FRAUENSCHUH IST VOM AUSSTERBEN BEDROHT!

2.000 PFLANZENARTEN WERDEN IM SCHNITT JEDES JAHR VON WISSENSCHAFTLERN ENTDECKT

32 BÄUME WERDEN JEDE SEKUNDE AUF DER WELT GEPFLANZT

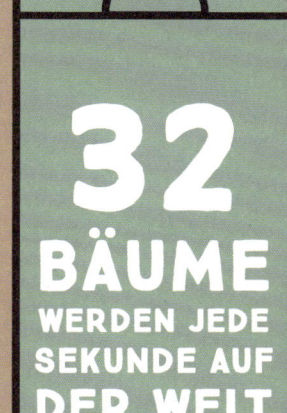

13 BIS 15 MILLIONEN HEKTAR VEGETATION VERSCHWINDEN JEDES JAHR, ALSO EIN HALBES FUSSBALLFELD PRO SEKUNDE.

DAS TROPISCHE GEWÄCHSHAUS

In Asien und Südamerika verschwinden die tropischen Regenwälder mit rasender Geschwindigkeit. Bäume werden gefällt und verbrannt, um Tiere zu züchten, Soja- oder Palmölplantagen anzulegen, Städte und Straßen zu bauen, Brennholz zu gewinnen und Papier, Möbel oder andere Dinge herzustellen. Dieser Prozess nennt sich Abholzung.

Die Gefahr

Die Abholzung laugt den Boden aus, führt dazu, dass viele Pflanzen- und Tierarten verschwinden und trägt zur globalen Erwärmung bei. Da Wälder auf natürlichem Weg Kohlenstoffdioxid (CO_2) absorbieren, bleiben durch ihr Verschwinden immer größere Mengen dieses Treibhausgases* in der Atmosphäre zurück.

Die Lösungen

Überall auf der Welt wird aktiv aufgeforstet, um die Wälder neu zu beleben. Zahlreiche Organisationen (WWF, Greenpeace, ...) geben aber auch allgemeine Tipps, um gegen die Abholzung vorzugehen: weniger Fleisch essen, Müsli oder Kuchen ohne Palmöle kaufen, recyceltes Papier oder andere Produkte aus nachhaltiger Forstwirtschaft verwenden etc.

DIE MITBEWOHNER

DIE MENSCHLICHE BEVÖLKERUNG

DIE ERSTEN BEWOHNER

Wie ist das Leben auf der Erde entstanden? Das ist die große Frage! Trotz einiger Hypothesen kann kein Wissenschaftler genau sagen, wann und wie es sich entwickelt hat. Die ersten Lebewesen, die unseren Planeten bevölkert haben, waren aber zweifellos Bakterien.

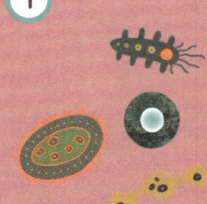

ERST DANACH ENTWICKELTEN SICH ALLMÄHLICH VIELZELLER.

 MARINE WIRBELLOSE TIERE

 MARINE WIRBELTIERE

 LANDPFLANZEN

 LANDTIERE

 DINOSAURIER

8.000 JAHRE V. CHR. GAB ES 5 MILLIONEN MENSCHEN AUF DER WELT

IM JAHR 2019 GIBT ES ÜBER 7,7 MILLIARDEN MENSCHEN AUF DER WELT

DIE HEUTIGEN BEWOHNER

Ob wir nun Afrikaner sind, Europäer oder Asiaten – wir gehören alle zur Art **HOMO SAPIENS.**

Wissenschaftler gingen lange davon aus, dass sich der Homo sapiens vor 200.000 Jahren in Ostafrika entwickelte, aber 2017 wurden Skelette in Marokko gefunden, die beweisen, dass das mindestens 300.000 Jahre her sein muss.

 SÄUGETIERE

 **HOMINIDAE** (von ihnen stammt der Mensch ab)

IST DAS HAUS ZU VOLL?

Da die Geburtenrate viel höher ist als die Sterberate, wächst die Weltbevölkerung immer weiter.

Laut wissenschaftlicher Prognosen könnte sie von über 7,6 Milliarden im Jahr 2019 auf über 9 Milliarden im Jahr 2050 anwachsen.

Aber können wir all diese Menschen ernähren, wenn bereits heute mehrere hundert Millionen Menschen Hunger leiden? Ja, sagen Wissenschaftler. Allerdings müssen dafür mehr Lebensmittel produziert werden, die besser verteilt werden müssen und gleichzeitig die Umwelt weniger belasten. Eine echte Herausforderung, über die weltweit viele Spezialisten nachdenken.

DIE PFLEGE DES HAUSES

④ Die Kollateralschäden?

Den ganzen Tag das Licht in Räumen brennen lassen, in denen wir uns nicht aufhalten, alle möglichen Dinge kaufen, die schnell auf dem Müll landen, Kleidung kaufen, die in ihrer Herstellung die Umwelt belastet ... Unser Lebensstil hat direkte Auswirkungen auf die Natur.

Was können wir dagegen tun?

Indem wir unsere Gewohnheiten ändern, kann jeder seinen ökologischen Fußabdruck verkleinern und zum Schutz des Planeten beitragen. Wir können zum Beispiel Mitfahrgelegenheiten bilden oder mit dem Rad fahren, unseren Stromverbrauch reduzieren, indem wir das Licht ausmachen oder die Heizung niedriger stellen, weniger Müll produzieren, indem wir Dinge wieder reparieren und recyceln usw.

ÖKOLOGISCHER FUSSABDRUCK =
Die Auswirkung, die menschliche Aktivitäten (Müllproduktion, Landwirtschaft, Verkehr, ...) auf den Planeten ausüben.

Um unseren ökologischen Fußabdruck zu messen, haben Wissenschaftler ausgerechnet, wie viel Fläche wir auf der Erde bräuchten, um alles zu produzieren, was notwendig ist, damit wir uns fortbewegen können, satt werden, es warm haben und uns einkleiden können.
DAS ERGEBNIS?

WIR BRÄUCHTEN 1,7 ERDEN, UM UNSEREN AKTUELLEN VERBRAUCH AUFRECHTZUERHALTEN!

Kein Wunder, dass viele Wissenschaftler so besorgt um die Zukunft unseres Planeten sind!

DIE INNERE ORDNUNG

⑤

Sind alle Menschen auf der Erde gleich? Nein, es herrscht sehr viel Ungleichheit. Zahllose Menschen haben keinen Zugang zu Trinkwasser, zu ausreichend Lebensmitteln, zu Bildung oder zu medizinischer Versorgung. Außerdem werden Frauen oft schlechter bezahlt und haben nicht dieselben Rechte wie Männer.

Auch der Reichtum ist ungleich verteilt, und die Einkommensunterschiede werden seit 40 Jahren immer größer.

42 MILLIARDÄRE BESITZEN SO VIEL VERMÖGEN WIE DIE HALBE WELTBEVÖLKERUNG

82 % DER ERZEUGTEN REICHTÜMER KAMEN IM JAHR 2017 NUR 1 % DER WELTBEVÖLKERUNG ZUGUTE

1992 WELTGIPFEL IN RIO DE JANEIRO

In diesem Jahr haben sich 173 Länder dazu verpflichtet, zum Wohle des Planeten gegen die Verschmutzung der Umwelt, die Erderwärmung* und das Artensterben vorzugehen.

BEGRENZTE MIETDAUER

⑥

Die Erde ist bewohnbar, da sie Wasser hat und eine Atmosphäre, die weder zu nah noch zu weit von der Sonne entfernt ist, also weder zu warm noch zu kalt ist.

5 BIS 7 MILLIARDEN JAHRE

Trotzdem hat die Sonne, wie jeder Stern, eine begrenzte Lebensdauer, und wenn sie in 5 bis 7 Milliarden Jahren stirbt, wird sie unseren Planeten mit sich reißen.

Bis dahin wird die Menschheit jedoch längst verschwunden sein. Laut Berechnungen dürfte unser Planet bereits in 500 Millionen Jahren nicht mehr bewohnbar sein.

500 MILLIONEN JAHRE

Andere Lebewesen (Insekten, Bakterien, ...) werden wahrscheinlich noch mindestens 1,75 Milliarden Jahre weiterleben. Danach dürften wohl selbst die widerstandsfähigsten Mikroorganismen verschwunden sein.

1,75 MILLIARDEN JAHRE

DIE MITBEWOHNER

DIE TIERPOPULATIONEN

24.307 ARTEN SIND WELTWEIT VOM AUSSTERBEN BEDROHT*.

*QUELLE: IUCN

- 13 % DER VÖGEL
- 26 % DER SÄUGETIERE
- 42 % DER AMPHIBIEN
- 30 % DER ROCHEN UND HAIE

ES GIBT 2 MILLIONEN BEKANNTE TIERARTEN AUF DER WELT

6 BIS 28 MILLIONEN BLEIBEN NOCH ZU ENTDECKEN!

Heute

Bis 2050 könnten fast 50 % der Tierarten an Land und im Wasser ausgestorben sein. Die Gründe: Jagd, Fischerei, Verschmutzung der Umwelt, Zerstörung der Lebensräume, Einführung invasiver Arten, die sich ausbreiten und Lebensräume aus dem Gleichgewicht bringen, Erderwärmung*, ...

EIN PREKÄRER MIETVERTRAG

Seit es Leben auf der Erde gibt, hat es schon fünf große Phasen des massiven Artensterbens gegeben, die mehrere hunderttausend Jahre oder sogar Jahrmillionen angedauert haben. Eine sechste Welle des Massenaussterbens steht bevor, doch dieses Mal werden die Tiere 100 bis 1.000 Mal so schnell verschwinden.

VOR 443 MILLIONEN JAHREN

Fast 85 % der Meereslebewesen starben aus. Die mögliche Ursache: eine schwere Eiszeit könnte die Meeresspiegel gesenkt haben.

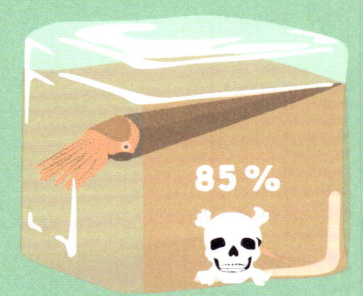

VOR 359 MILLIONEN JAHREN

Fast 75 % der Tierarten (vor allem Meerestiere) starben aus. Die mögliche Ursache: eine Vergletscherung oder ein massiver Anstieg verrottender Landpflanzen, die eine starke Vermehrung von Algen und Bakterien mit sich brachten.

VOR 252 MILLIONEN JAHREN

Über 90 % der Meerestiere und 70 % der Landtiere starben aus. Die mögliche Ursache: die Ausbreitung eines Mikroorganismus, der extrem viel Methan in die Atmosphäre freigesetzt hat oder ein Meteoriteneinschlag, der mehrere Vulkanausbrüche zur Folge hatte, bei dem Metalle und giftige Gase ausgestoßen wurden.

VOR 201 MILLIONEN JAHREN

50 % der Tierarten starben aus. Die mögliche Ursache: ein Meteoriteneinschlag und/oder Vulkanausbrüche,

VOR 66 MILLIONEN JAHREN

60 bis 80 % der Tierarten starben aus (darunter die Dinosaurier). Die mögliche Ursache: ein Meteoriteneinschlag, der mehrere Tsunamis, giftigen Regen und eine globale Erdabkühlung zur Folge hatte.

die giftige Gase abgesondert und zu einer globalen Erwärmung geführt haben.

60 BIS 80 %

DIE AUFTEILUNG DER HÄUSLICHEN PFLICHTEN

②

Unter Biodiversität* versteht man die Gesamtheit aller Tiere, Pflanzen, Bakterien und Pilze unseres Planeten. Alle Lebewesen haben sich an ihre natürlichen Lebensräume (Wüsten, Wälder, Meere, …) angepasst und bilden zusammen Ökosysteme*.

Würmer bereichern die Böden, die wir kultivieren und die ohne sie verarmen würden.

Bienen, Hummeln und Schmetterlinge bestäuben viele Blütenpflanzen, von denen einige das Obst und Gemüse produzieren, das wir essen. Ihr Verschwinden bedroht die Reproduktion dieser Pflanzen und damit unsere Nahrungsressourcen.

Haie jagen Fische, von denen einige Arten winzig kleine Algen (Phytoplankton) fressen, die einen Großteil des Sauerstoffs abgeben, der unverzichtbar für das Gleichgewicht der Ozeane und der gesamten Erde ist. Auf lange Sicht könnte das Verschwinden des Phytoplanktons dazu führen, dass alle Meereslebewesen aussterben und sich die Ozeane in Todeszonen verwandeln.

Beispiele dieser Art gibt es viele. Ein Rückgang der Biodiversität* führt dazu, dass Ökosysteme* zusammenbrechen. Das Gleichgewicht unseres Planeten hängt also im Wesentlichen von den Lebewesen ab, die auf ihm leben.

DEN WOHNRAUM TEILEN

③

Erderwärmung*, Jagd, intensive Fischerei oder, allgemein formuliert, die Ausbeutung unserer Ressourcen bedrohen Tierpopulationen auf unterschiedliche Weise. Die Zerstörung ihrer natürlichen Lebensräume ist jedoch der Hauptgrund für das Artensterben: Jedes Mal, wenn der Mensch Wald oder Grasland zerstört, um Fabriken, Straßen oder Häuser zu bauen, geht das zulasten der Tiere, die dort leben.

Wir können alle unseren Teil beitragen, indem wir zum Wohl der Insekten keine Chemie im Garten einsetzen und keinen Müll draußen liegenlassen.

Warum?

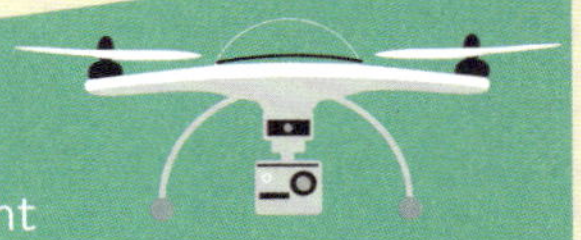

Tiere und Pflanzen sind nicht nur wichtig für den Erhalt des Planeten, sondern spielen auch eine wesentliche Rolle für unsere Ernährung, unsere medizinische Versorgung, bei Erfindungen und technischen Innovationen. Außerdem sollten unsere Moralvorstellungen uns dazu bewegen, Tiere um ihrer selbst willen zu retten.

DAS LEBEN IN DER GEMEINSCHAFT

④

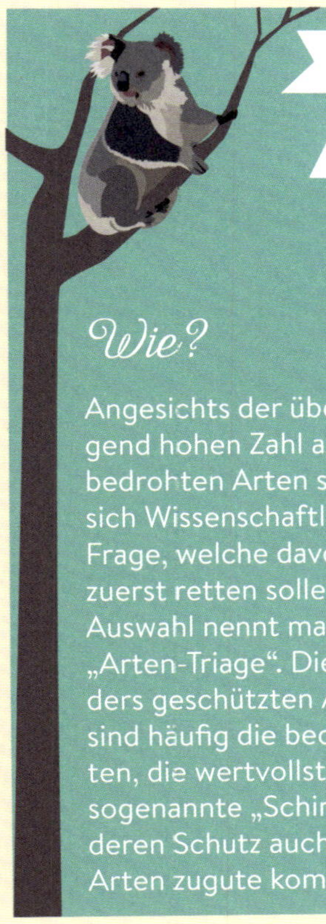

Wie?

Angesichts der überwältigend hohen Zahl an bedrohten Arten stellen sich Wissenschaftler die Frage, welche davon sie zuerst retten sollen. Diese Auswahl nennt man „Arten-Triage". Die besonders geschützten Arten sind häufig die bedrohtesten, die wertvollsten oder sogenannte „Schirmarten", deren Schutz auch anderen Arten zugute kommt.

Es gibt zahlreiche Möglichkeiten, Tiere zu schützen:

• indem wir Naturschutzgebiete einrichten
• indem wir gegen Wilderei und Überfischung vorgehen
• indem wir bedrohte Arten wieder auswildern

DIE ZWEITWOHNSITZE

WOANDERS LEBEN STATT AUF DER ERDE?

6 MONATE: SO LANGE BRAUCHEN WIR HEUTE BIS ZUM MARS

WARUM UMZIEHEN?

①

Auf einen anderen Planeten zu ziehen wäre eine Lösung, sollte die Erde eines Tages zu verschmutzt, zu warm oder ohne natürliche Ressourcen sein.

BEWOHNBARE HÄUSER

②

Ohne Wasser kein Leben! Wir brauchen es zum Trinken, zum Anbau von Nahrung und in Zukunft theoretisch für den Treibstoff von Raketen.

Am Südpol des Mondes gibt es große Mengen an gefrorenem Wasser.

2016 wurde auf dem Mars eine verwertbare Eisfläche entdeckt, die größer ist als Polen, und 2018 ein unterirdischer See aus flüssigem Wasser.

Einige Monde von Jupiter und Saturn verfügen über Ozeane mit flüssigem Wasser. Sie sind jedoch zu weit von der Erde entfernt.

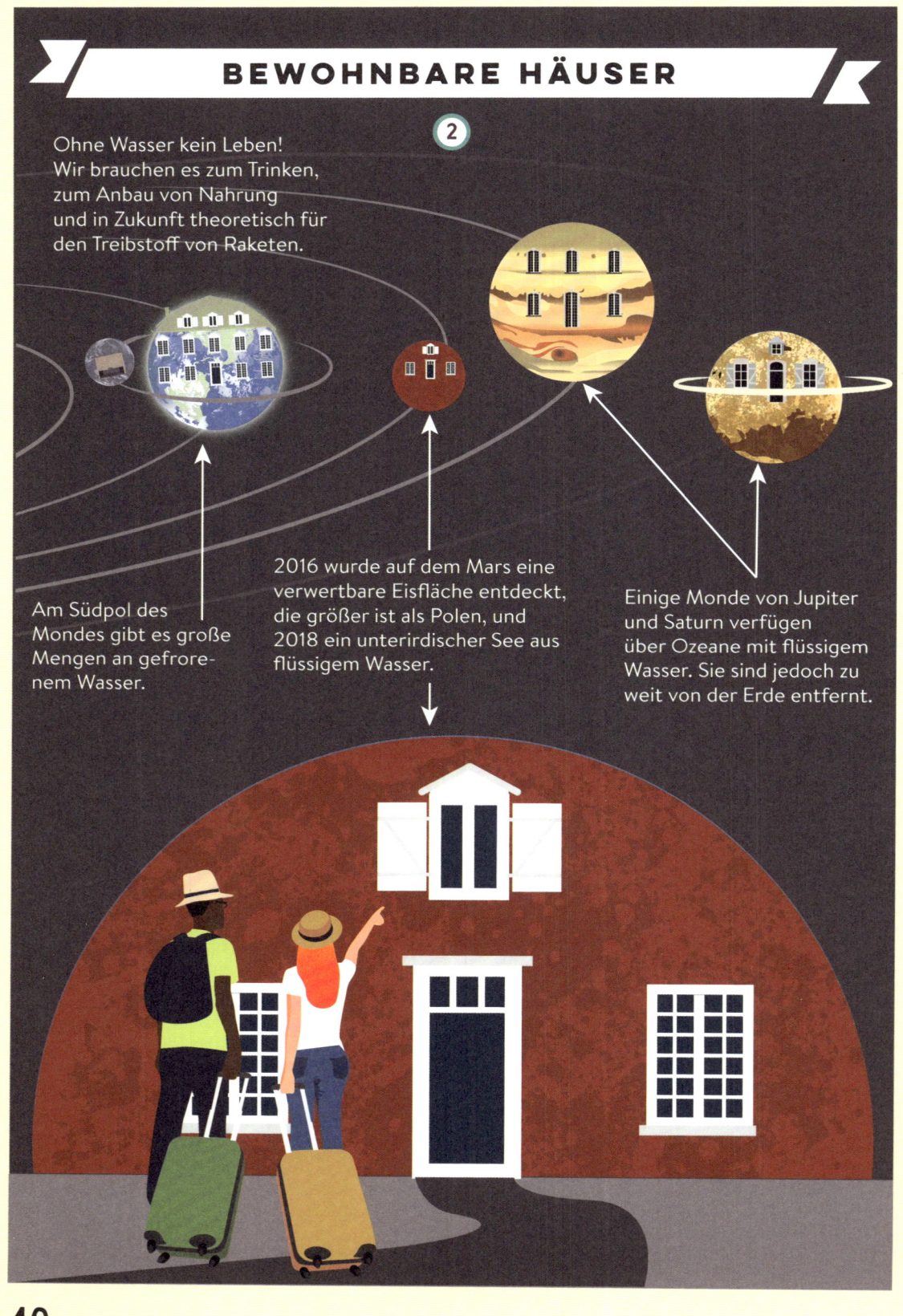

DAS MUSTERHAUS

③

Wenn sich die Menschen auf dem Mars niederließen, wie würden sie dort leben? Um das herauszufinden, wurden mehrere Forschungsmissionen organisiert, um die Lebensbedingungen auf dem Roten Planeten nachzustellen.

Von 2015 bis 2016 verbrachte ein Team von 6 Freiwilligen 1 Jahr in einer Kuppel mit einem Durchmesser von 11 m und einer Höhe von 6 m, das in einer wüstenartigen Landschaft am Fuß eines hawaiianischen Vulkans errichtet worden war. Sie durften ihre „Mars"-Station nur in Raumanzügen verlassen, nahmen lediglich getrocknete Nahrung zu sich und hatten eine extrem langsame Internetverbindung.

DAS ERGEBNIS?
Obwohl sie isoliert und ohne Frischluft lebten, blieben sie gesund und waren bereit, diese Erfahrung auf dem Mars zu wiederholen.

KURZE ABSTECHER: ES GIBT NOCH EINIGES ZU TUN

Auf dem Mond

DAS PROBLEM

Auf dem Mond herrschen extreme Temperaturen (von +125 °C am Tag bis -175 °C in der Nacht). Er hat weder eine Atmosphäre, in der wir atmen können, noch ein Magnetfeld, das den Planeten vor Sonnenwinden schützt.

Auf dem Mars

DAS PROBLEM

Der Mars ist ein kalter Planet mit einer Durchschnittstemperatur von -63 °C und einer 100 Mal dünneren Atmosphäre als die Erde, die hauptsächlich aus Kohlenstoffdioxid besteht und in der wir nicht atmen können. Auch der Mars hat kein Magnetfeld.

DIE LÖSUNG

Um auf dem Mond leben zu können, schlagen Wissenschaftler vor, die unterirdischen Lavaröhren, die es dort gibt, hermetisch abzuriegeln und in diesen Tunneln eine künstliche Atmosphäre zu schaffen.

DIE LÖSUNG

Die ersten Bewohner müssten auf jeden Fall in Modulen leben, die sie von der Erde mitbringen. Diese könnten mit der Zeit erweitert und in Wohnmodule umfunktioniert werden. Wie auf dem Mond wäre es jedoch auch hier unmöglich, sie ohne Raumanzüge zu verlassen.

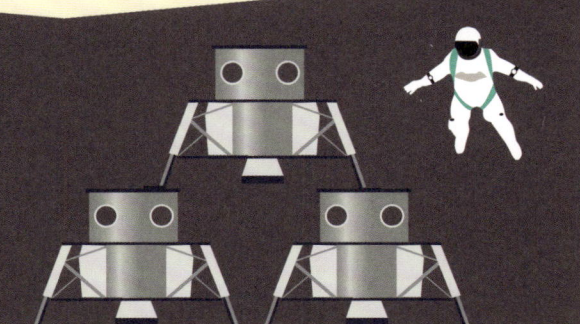

LÄNGERE AUFENTHALTE: UMFASSENDE BAUMAßNAHMEN

Wie können wir auf dem Mars ohne Raumanzug und Atemmaske überleben? Einige Wissenschaftler schlagen vor, ein riesiges Magnetfeld im Orbit zu erzeugen, das die Sonnenwinde vom Planeten ablenken, den Planeten wärmer und die Luft atembar machen soll. Am verbreitetsten ist jedoch die Idee des sogenannten „Terraforming" – der Umbildung des Planeten zu einer Art Ersatzerde.

Die einzelnen Bauphasen

1. AB DEM ERSTEN JAHR

Chemiefabriken müssten errichtet werden, um den Mars zu vergiften und riesige Mengen an Treibhausgasen* zu produzieren, welche die Atmosphäre verdichten und den Planeten aufwärmen.

2. IN 100 BIS 300 JAHREN

Sobald das Eis aufgrund der Erderwärmung* geschmolzen wäre, sich die Atmosphäre verdichtet hätte und Seen und Flüsse entstanden wären, könnten Mikroben und Pflanzen abgeworfen werden, um die Luft mit Sauerstoff anzureichern. Die Menschen bräuchten dann keine Raumanzüge mehr. Eine Maske, eine Sauerstoffflasche und ein leichter Schutzanzug würden als Schutz genügen.

Ein gigantischer Spiegel würde im Orbit platziert, um die Wärme der Sonne umzuleiten und die Lufttemperatur weiter zu erhöhen. Die Menschen müssten Raumanzüge tragen.

EIN 3-D-DRUCKER AUF DEM MOND?

Der Mond könnte auch als bewohnte Raumstation dienen, um von dort Missionen auf den Mars zu entsenden. Um die Materialien nicht von der Erde schicken zu müssen, plant die Europäische Weltraumorganisation (ESA), die Station mithilfe eines 3-D-Druckers zu bauen und Materialien vom Mond zu verwenden.

3. IN 1.000 BIS 10.000 JAHREN

Jetzt wäre so viel Sauerstoff in der Atmosphäre, dass sie derjenigen der Erde ähnelt. Die Menschen könnten ohne Hilfsmittel atmen.

DIE NACHBARN

DIE EXOPLANETEN UND AUßERIRDISCHES LEBEN

GIBT ES AUCH LEBEN JENSEITS DER ERDE?

Bereits im 4. Jahrhundert v.Chr. bekräftigte der griechische Philosoph Epikur: „Es gibt unendlich viele Welten, die unserer ähnlich sind, und unendlich viele, die ihr nicht ähnlich sind."

1 LICHTJAHR = ETWA 9,46 BILLIONEN KILOMETER

DIE NÄCHSTEN NACHBARN

Um die Sonne

Die Erde gehört zu den acht Planeten des Sonnensystems und dreht sich, wie die anderen drei Gesteinsplaneten (Merkur, Venus, Mars) und die vier Gasplaneten (Jupiter, Saturn, Uranus, Neptun), um die Sonne. Leben kann überall dort existieren, wo Wissenschaftler flüssiges Wasser vermuten (auf Europa und Ganimed [Jupitermonde], Enceladus [Saturnmond], …).

SIND ANDERE HÄUSER EBENFALLS BEWOHNT?

Seit 1995 haben Wissenschaftler über 3.700 Exoplaneten entdeckt, von denen viele Gasplaneten und einige Gesteinsplaneten sind. Doch sind sie von Lebewesen bevölkert? Tatsächlich lassen einige kleinere Planeten, die weder zu weit noch zu nah von ihrem Stern (ihrer Lebenszone) entfernt liegen, flüssiges Wasser und somit Leben vermuten.

1995 ASTRONOMEN ENTDECKEN DEN ERSTEN EXOPLANETEN, 51 PEGASI B

ER IST 50 LICHTJAHRE ENTFERNT UND BRAUCHT ETWAS MEHR ALS 4 TAGE, UM SEINEN STERN ZU UMKREISEN.

200 BIS 400 MILLIARDEN
ANZAHL DER STERNE IN UNSERER GALAXIE, DER MILCHSTRAßE

UM JEDEN DIESER STERNE KÖNNEN EINER ODER MEHRERE PLANETEN KREISEN, SOGENANNTE „EXOPLANETEN"

Rund um Proxima Centauri

Der Stern, der der Sonne am nächsten ist – Proxima Centauri –, ist 4,2 Lichtjahre entfernt. Um ihn herum kreist Proxima b, der Exoplanet, welcher der Erde am nächsten ist. Er wurde 2016 entdeckt und ist für viele Wissenschaftler von zentralem Interesse.

60.000 JAHRE DAUERT ES, UM PROXIMA B MIT DER SCHNELLSTEN RAUMSONDE ZU ERREICHEN
(DURCHSCHNITTSGESCHWINDIGKEIT: 15 KM/S)

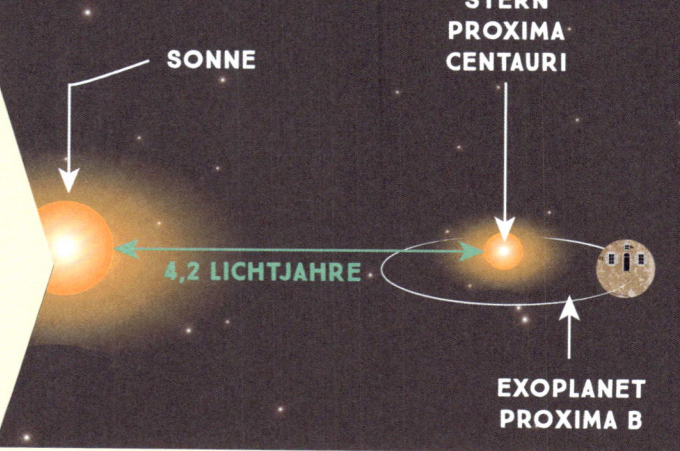

IST DA JEMAND?

1959: Amerikanische Physiker gründen das SETI-Institut (*Search for Extraterrestrial Intelligence*).

DAS ZIEL?
Mit allen möglichen Technologien, zu versuchen, außerirdische Signale zu empfangen, die intelligentes Leben außerhalb der Erde beweisen könnten. Bis heute wurden jedoch keine gültigen Daten erfasst.

ES WÜRDE 4,24 JAHRE DAUERN, BIS EIN RADIOSIGNAL VON DER ERDE DEN PLANETEN PROXIMA B **ERREICHT.**

EIN TREFFEN UNTER NACHBARN?

Wenn man sie nicht besuchen kann …

Die Zahl der entdeckten Exoplaneten ist winzig im Vergleich zu der Anzahl der Sterne in der Milchstraße. Davon abgesehen könnte aktuell keines unserer Raumschiffe bis zu ihnen vorstoßen.

… schickt man ihnen eben Botschaften!

METI (Messaging Extraterrestrial Intelligence) steht für eine Vereinigung von Forschern, die daran arbeitet, Botschaften (Radio- und Lasersignale) an außerirdische Zivilisationen zu senden. Die Meinungen zu diesem Programm sind jedoch geteilt: Einige Forscher sagen, dass es in unser aller Interesse sei, neue Lebensformen zu entdecken, während andere es als Risiko bewerten.

Und wenn sie zu uns kämen?

Die meisten Wissenschaftler glauben an die Existenz außerirdischen Lebens. Aber warum wurden wir dann noch nie von Außerirdischen kontaktiert? Laut Jean-Claude Ribes und Guy Monnet, zwei französischen Forschern, gibt es dafür mehrere Erklärungen:

1. Bisher ist es keiner außerirdischen Zivilisation gelungen, ein Raumschiff zu bauen, das die Erde erreichen könnte.

2. Außerirdische Zivilisationen erkunden bereits den Weltraum, sind jedoch noch nicht bis zu uns vorgedrungen.

3. Außerirdische Zivilisationen haben uns bereits ausgemacht und beobachten uns, ohne dass wir es ahnen.

4. Außerirdische Zivilisationen existieren schon viel länger als wir. Sie haben uns nicht nur längst gefunden, sondern die Menschheit erschaffen!

INDEX

A

Äquator	14, 25, 34
Abfälle	15, 23, 30
- gefährliche	30
- recycelbare	30
- radioaktive	30
Abholzung	35
Aluminium	7, 8, 16, 17
Amphibien	38
Antibiotikum	31
Artensterben	24, 37, 38, 39
Arten-Triage	39
Asteroid	7, 8
Astronom	42
Atmosphäre	8, 11, 17, 21, 22, 24, 25, 34, 35, 37, 38, 41
Ausgasung	8
Außerirdisch	42, 43
Aussterben	28, 35, 38, 39
Auswildern	39

B

Bakterie	15, 25, 30, 31, 36, 37, 39
Baum	31, 34, 35
Bauxit	17
Bedrohte Art	39
Beleuchtung	24, 25, 34
Bevölkerung	18, 21, 27, 29, 31, 36, 37
Bio	33
Biodiversität	15, 23, 39
Biolebensmittel	29
Blei	16
Blütenpflanze	39
Blume	35
Boden	14, 15, 16, 18, 28, 32, 34, 35, 39
Bodenschätze	16
Bruchlinie	13

C

Calcit	16
Chemie	15, 29, 33, 39

D

Dinosaurier	36, 38
Dünger	15, 23, 30, 33

E

Ebene	18
Eis	24, 27, 41
Eisberg	20
Eisen	7, 8, 10, 14, 16
Eisfläche	40
Eiskugel	25
Energie	13, 16, 17, 24
Erdabkühlung	38
Erdähnlicher Himmelskörper	8
Erdbeben	12, 13
Erderwärmung	21, 22, 24, 37, 38, 39, 41
Erdgas	16, 17
Erdkern	10, 11
Erdkruste	8, 10, 12, 13, 14, 16, 19, 20, 32
Erdmantel	10, 11, 12, 13, 17, 19
Erdöl	16, 17, 23, 24, 32, 33
Erdwärme	17
Ernährung	15, 28, 34, 39
Erneuerbare Energie	17
Erosion	18
Eruption	19
Ethik	33
Exoplanet	42, 43

F

Fischerei	23, 28, 38, 39
Fluss	6, 18, 20, 21, 23, 33, 41
Fossile Energie	16, 17, 24, 29

G

Galaxie	6, 8, 42
Garten	30, 39
Gasplanet	7, 42
Gebirge	18, 19, 34
Gestein	8, 10, 11, 12, 14, 16, 17, 18, 19
Gesteinsplanet	7, 42
Gesundheit	25, 29, 30, 33
Giftige Gase	22, 38
Gletscher	20, 21, 23, 24, 38
Globale Erwärmung	29, 35, 37, 38
Globale Erdabkühlung	38
Grasland	14, 34, 39
Gravitation	6, 7
Großes Bombardement	7
Grundwasser	20
GVO	29

H

Hausapotheke	30, 31
Heide	34
Höhe	18, 19
Hominidae	36
Homo sapiens	36
Hungersnot	24

I

Industrie	21, 24, 25, 29
Industrieabwässer	15, 23
Insekt	29, 37, 39
Invasive Art	38

J

Jagd	28, 38, 39
Jahreszeit	25
Jupiter	7, 40, 42

K

Kalkstein	16
Kaolinit	16
Kernkraftwerk	30
Klima	14, 15, 17, 22, 24, 34
Kohle	16, 17, 24
Kohlemine	10
Kohlenstoff	14
Kohlenstoffdioxid	8, 22, 24, 34, 35, 41
Komet	7, 8
Kompost	30
Kondensation	30
Kontinent	12, 18, 23, 26, 27
Kontinentalplatten	12
Kontinentalverschiebung	12
Kupfer	16

L

Landwirtschaft	15, 18, 21, 28, 37
Lava	7, 19, 41
Lebensmittel	29, 31, 36, 37
Lebensraum	15, 34, 38, 39
Licht	25, 34, 37
Lichtjahr	8, 42
Luft	6, 11, 22, 25, 29, 32, 41

M

Magma	13, 17, 19
Magnetfeld	10, 11, 41
Magnitude	13
Mantelkonvektion	12
Marmor	16
Mars	7, 40, 41, 42
Massenaussterben	38
Medikament	31
Medizinische Versorgung	37, 39
Meer	13, 20, 22, 23, 28, 38, 39
Meeressäuger	23
Meeresströmungen	22, 23
Mensch	9, 13, 15, 17, 20, 21, 22, 23, 25, 27, 28, 34, 35, 36, 37, 39, 40, 41
Menschheit	18, 37, 43
Menschliche Aktivitäten	14, 24, 29, 37
Merkur	7, 8, 42
Metall	10, 16, 17, 38
Meteorit	8, 38
Mikrobe	41
Mikroorganismus	37, 38

Milchstraße 7, 8, 42, 43		Verkehr 15, 24, 25, 29, 37
Mineralien 16		Verschmutzung 23, 29, 32, 33, 37, 38
Moho 10		Verschwendung 29, 33
Mond 9, 10, 40, 41		Vielzeller 36
Müll 15, 19, 24, 29, 30, 31, 33, 37, 39		Vogel 23, 38
Müllinsel 23	Säugetier 36, 38	Vulkan 13, 17, 19, 40
	Satellit 6, 8, 9, 11	Vulkanausbruch 17, 38
	Saturn 7, 40, 42	
	Sauerstoff 7, 8, 11, 22, 39, 41	
	Sauerstoffflasche 19, 41	

	Savanne 14, 34	
Nahrungsressourcen 28, 39	Schirmart 39	Wald 14, 19, 24, 34, 35, 39
Natürlicher Lebensraum 39	Schwermetall 25	Wasser 6, 7, 8, 11, 14, 15, 17, 20, 21, 22, 23, 24, 25, 28, 29, 32, 33, 34, 37, 38, 40, 42
Natur 15, 20, 29, 35, 37	See 20, 21, 40, 41	
Naturschutzgebiet 39	Silizium 7, 8	Wasserkraft 17
Nebel 7	Sonne 6, 7, 8, 11, 17, 21, 22, 24, 25, 37, 41, 42	Wasserstoff 24
Neptun 7, 42	Sonnensystem 8, 42	Wasserstoffbombe 24
Nickel 7, 8, 10	Sonnenwende (Winter-, Sommer-) 25	Weltreserven 16
Nordpol 25	Sonnenwind 11, 41	Wilderei 39
	Sortierzentrum 30	Wind 11, 17, 19, 23, 27
	Steppe 34	Windenergie 17, 24
	Stern 6, 7, 8, 24, 37, 42, 43	Wirbelsturm 22, 24
	Stickstoff 11	Wüste 34, 39

	Strom 10, 16, 17, 30, 37
Ökologische Landwirtschaft 15	Südpol 6, 20, 25, 40
Ökosystem 39	Süßwasser 15, 20, 21, 23
Organismus 14, 15, 16, 29	Superkontinent 26
Orkan 22, 24	
Ozean 6, 8, 11, 12, 20, 21, 22, 23, 26, 27, 30, 39, 40	

Zink 16

	Taiga 34
	Tektonische Platte 12, 13
	Temperatur 7, 8, 10, 22, 23, 24, 41
	Terraforming 41
	Textilindustrie 32, 33
Pangaea 26	Tier 14, 15, 28, 29, 31, 32, 33, 34, 35, 36, 38, 39
Pedologie 14	
Permakultur 15	Tierpopulation 38, 39
Pestizide 15, 23, 29, 32, 33	Tierzucht 14, 15, 24, 28, 29
Pflanze 14, 15, 16, 28, 29, 30, 32, 33, 34, 35, 39, 41	Treibhauseffekt 24
Phreatische Zonen 15, 21, 23, 33	Treibhausgase 24, 25, 30, 35, 41
Phytoplankton 22, 39	Trinkwasser 20, 21, 23, 37
Pilz 14, 15, 31, 39	Trockenheit 24, 28, 34
Plastikmüll 23, 31	Trockenzeit 34
Plateau 18	Tsunami 13, 38
Plattentektonik 12, 26	
Polarlicht 11	
Polartag 25	
Pole 11, 25, 34	

GLOSSAR

- **ANTIBIOTIKUM** Medikament, das gegen Bakterien eingesetzt wird, die Krankheiten verursachen.
- **AUSGASUNG** bezeichnet das Austreten von Gasen, die sich im Gestein in der Erde befinden.
- **BIODIVERSITÄT** Biologische Vielfalt von Lebewesen in einem bestimmten Milieu sowie insgesamt auf der Erde.
- **ERDÄHNLICHER HIMMELSKÖRPER** bezeichnet Planeten, die nicht aus Gas bestehen, sondern aus Gestein und Metall.
- **ERDERWÄRMUNG** bezeichnet das Ansteigen der Durchschnittstemperatur in den Weltmeeren und in der Erdatmosphäre.
- **EROSION** bezeichnet das Abtragen von Gestein durch Wasser oder Wind.
- **FOSSILE ENERGIE** wird aus Kohle, Erdöl und Erdgas gewonnen.
- **GRAVITATION** Anziehungskraft zweier Körper, die eine große Masse besitzen.
- **PHREATISCHE ZONEN** Unterirdische, mit Wasser gefüllte Zonen.
- **GVO** Tierische oder pflanzliche Organismen, die genetisch verändert wurden.
- **KONDENSATION** Übergang eines Stoffes von einem gasförmigen in einen flüssigen oder festen Zustand.
- **ÖKOSYSTEM** Gesamtheit eines Lebensraums (Savannen, Ozeane, …) und der dort lebenden Lebewesen.
- **PERMAKULTUR** Form der Landwirtschaft, die auf den Einsatz von Chemie (Dünger, Pestizide, …) verzichtet.
- **REVOLUTION** Bezeichnet den Umlauf eines Himmelskörpers um einen anderen.
- **TREIBHAUSGASE / -EFFEKT** Gase, die natürlich vorkommen oder durch menschliche Aktivitäten (Transport, Industrie, Landwirtschaft, …) erzeugt werden, sich in der Atmosphäre konzentrieren und zur globalen Erwärmung beitragen (Treibhauseffekt).
- **VEGANERIN / VEGANER** bezeichnet Menschen, die keine Produkte verwenden, die von Tieren stammen oder an Tieren getestet wurden, um sich zu ernähren, zu kleiden, zu waschen oder zu pflegen.
- **WASSERSTOFFBOMBE** Atombombe aus Wasserstoff, einem leicht entflammbaren Gas.

	Überfischung 39
	Übernutzung 39
	Überschwemmung 15, 24, 28
Quarz 16	Umwelt 13, 15, 17, 22, 23, 29, 30, 33, 36, 37, 38
	Ungleichheit 37
	Universum 6, 8
	Uranus 7, 42
	Urknall 6
	Urmensch 28

Raumsonde 9, 42	
Recyceln 15, 17, 24, 30, 33, 35, 37	
Regen 15, 21, 23, 38	Veganer 33
Regenzeit 34	Vegetation 14, 34, 35
Reichtum 37	Venus 7, 8, 42
Relief 18	
Ressourcen 39, 40	
Revolution 25